专业图书馆发展之道

The Development of Academic Libraries

徐慧芳　涂志芳　等编著

化学工业出版社

·北京·

本书聚焦学术型专业图书馆的研究与发展现状，对德国、美国、加拿大、澳大利亚、日本、俄罗斯、英国、中国等国家具有代表性的学术型专业图书馆进行了多维度、全方位的调查研究和论述。

本书可为我国专业图书馆的资源建设、用户服务、空间再造、研究发展、合作交流等提供具有现实意义的参考，适合于图书馆从业人员阅读和参考。

图书在版编目（CIP）数据

专业图书馆发展之道 / 徐慧芳等编著. —北京：化学工业出版社，2018.8（2023.1 重印）
ISBN 978-7-122-32470-2

Ⅰ. ①专… Ⅱ. ①徐… Ⅲ. ①专业图书馆－发展－研究 Ⅳ. ① G258.5

中国版本图书馆 CIP 数据核字（2018）第 138679 号

责任编辑：王　斌　邹　宁　　　文字编辑：吴开亮
责任校对：边　涛　　　装帧设计：水长流文化

出版发行：化学工业出版社（北京市东城区青年湖南街 13 号　邮政编码 100011）
印　　装：三河市延风印装有限公司
710mm × 1000mm　1 / 16　印张 7½　字数 206 千字　2023 年 1 月北京第 1 版第 3 次印刷

购书咨询：010-64518888　　　售后服务：010-64518899
网　　址：http: // www.cip.com.cn
凡购买本书，如有缺损质量问题，本社销售中心负责调换。

定　　价：55.00 元

版权所有　违者必究

序

foreword

道者，乃道理、方向、途径、方法也。我想本书的编著者，之所以围绕“发展之道”对专业图书馆开展深入研究，并且将研究成果汇集成册，公开发表，其初衷就在于希望通过调查和总结国际上典型专业图书馆近年来转型发展的实际做法与实践经验，为我国专业图书馆的建设与发展找到适宜的道理、方向、途径和方法，以便更好地适应不断变化的环境和形势，更好地履行其所承担的历史使命。

近年来，科学技术迅猛发展，网络化服务日新月异，信息资源式样不断创新，信息传播和利用方式与途径不断变革，用户在信息内容和信息服务方式等方面的需求期望值不断提高，使世界各国专业图书馆遇到了前所未有的压力和挑战，专业图书馆消亡论甚嚣尘上。在这样瞬息万变的信息社会之中，专业图书馆何去何从，是每一个本领域的有识之士都在思考和关注的问题。

现代信息技术的发展为我们提供了更加便捷的方法、工具和途径，但是归根结底这些技术手段和服务条件的变革与更新，不应该也不可能取代图书馆在信息保存和传播方面所具有的本质功能。专业图书馆与生俱来的为人类保存和传播知识的基本职能依旧没有改变。在新的形势之下，专业图书馆应当积极应对挑战，充分利用各种新的手段和新的技术，更好地履行自己的职能，更好地完成自己的使命。

本书广泛猎取、全面搜集相关资料，较为系统、深入地展现了国际主流专业图书馆近年来的发展实践，这些专业图书馆在科学技术大变革时代，抓住机遇，应对挑战，积极探索，勇于创新，走出了一条不平凡的发展之道，创造出许多新的服务方法和服务模式，取得了很好的服务效果，巩固了自身的社会地位，为促进科学技术和社会经济的发展发挥了重要作用。

随着数字化和网络化的发展，各国专业图书馆在提供传统的文献借阅和参考咨询等基础服务之外，积极开展国际范围的合作共享，以馆际互借、文献传递和代查代借等服务方式，努力扩大信息资源的来源途径与范围。面对蜂拥而至的各类型数字资源，通过形式多样的资源整合，以跨平台“一站式”资源检索、学科门户网站和定题信息推送服务等方式，为用户提供方便、快捷、高效的资源发现服务。与相关政府相关部门密切配合，积极开展专题情报调研和定题情报服务，在各级政府的科学决策中发挥重要的情报支撑作用，并协同推进各国相关政策的制定。为自然科学、工程技术、环境卫生、交叉学科及高技术领域的创新发展，提供文献信息保障、战略情报研究、科技信息交流与传播服务。通过向企业提供信息保障服务，在知识发现、知识转移与科技成果向生产力转化的过程中发挥重要作用。

专业图书馆作为数字资源的集散服务中心，与资源创建、资源处理、资源出版和资源存储等环节的相关机构合作，积极研发新的信息加工处理技术，建立和维护不同类型的数据库，开展知识产权、文献计量、信息可视化等研究与应用，利用数据挖掘、语义注释和语义搜索等语义技术和语义信息处理工具，提供语义化、智能化、可视化的信息检索服务。

通过推进学科知识库和机构知识库建设，建立开放获取导航服务系统，以及为用户提供同行研讨交流平台等，促进科技文献和科学数据的开放共享，提升资源利用的便捷性，提高资源的利用率。开展面向未来的数字资源长期保存技术、制度和法理研究，推进数字资源长期保存系统建设，建立数字内容的长期有效保障机制，确保数字内容的长期可获取性和可利用性。

在科学文化传播领域扮演重要角色，通过咨询会议、宣传讲座、网络教学等方式，为科技人员、学生和社会大众提供信息传播服务和利用知识培训，使其能够掌握科学、合理、便捷、高效地获取所需文献或知识的技能和方法。与其他图书情报机构、学术团体、出版机构和非营利组织等合作，面向政府、媒体、社会公众，大力宣扬图书馆的社会价值并表达图书馆的利益诉求。

他山之石，可以攻玉。在网络无处不在，人工智能蓬勃发展、各类信息资源爆炸式增长、信息碎片化传播与利用蓬勃发展的背景下，在知识服务、科学数据管理与应用服务等已经成为专业图书馆主要建设内容的今天，相信本书的研究成果一定会对我国专业图书馆的发展与转型提供重要的参考。同时，对于丰富和发展我国图书情报学理论建设，也具有现实意义。

应该指出的是，近年来我国专业图书馆也在时代变革之中不断发展壮大，在资源共建共享、数字资源开发利用、信息处理技术研发与系统建设、数据挖掘与学科门户建设、文献数据加工和知识化服务、信息资源合理使用的法理研究、科学文化传播、专业人员继续教育和在职培训等方面都进行了非常有益的探索，取得了许多骄人的业绩，这些还有待包括本书编著者在内的业界专家学者进行全面系统深入的研究。

本书的编著者都是在中国科学院文献情报中心担任基层领导或从事一线服务的专业人员，他们踏着时代发展的节拍，结合自身的管理和服务工作经验，努力探索和推进本领域理论和实践的变革与发展，这本身就是一种创新精神的体现。他们为本书的成稿、付梓付出了辛勤的劳动，这种立足本职、放眼世界、理论结合实际开展学术研究的精神令人钦佩，从他们身上我们看到了我国专业图书馆事业发展之未来。

孟连生

2018年3月 于北京

目录

contents

1 专业图书馆发展与研究概述

1.1 研究背景

有着“大学心脏”之地位和“天堂模样”之美誉的学术图书馆是人们日常科研、学习和生活中不可或缺的机构[1]。通常，研究型大学图书馆、科研机构图书馆和部分具有学术功能的其他类型图书馆被统称为学术图书馆（academic library），学术图书馆是服务教学研究、支撑科技创新的重要力量。进入信息时代之后，图书馆作为文献信息中心的地位更加突出，学术图书馆之于高校、科研院所的重要性也更加明显。

在我国图书情报的学术语境下，学术图书馆多指高校图书馆和专业图书馆，两者与公共图书并列成为三大主要图书馆系统，其中专业图书馆是指中央国家机关图书馆和各行业所属的科研院所图书馆[2]，如各级党校图书馆系统、军队与军事院校图书馆、中国科学院图书馆系统、中国社会科学院图书馆系统、中国医学科学院图书馆系统、中国农业科学院图书馆系统、中国林业科学院图书馆系统、高校特定学科领域的专业图书馆以及其他各学科或行业所属的科研院所图书馆等。

在数字化、网络化环境下，学术图书馆的生存与发展受到多方面的压力与挑战，如日益增长的用户需求、数字资源建设与长期保存、开放获取出版物等。但令人欣慰的是，高校图书馆的发展与转型持续受到广泛的关注与研究，很多问题与困难得到了较好的解决；而相比之下，专业图书馆的生存发展与转型变革所受到的关注与研究则相对较少，所面临的压力与挑战显得相对严峻，甚至部分中小型专业图书馆生存与发展的实体空间还受到了一定程度的挤压。当然，专家学者及图书馆从业人员已经意识到专业图书馆在发展转型过程中所面临的压力与挑战，也在不断探索专业图书馆转型发展的道路。

因此，本书立足学术图书馆的整体发展环境，重点对学术型专业图书馆（以下称“专业图书馆”）相关的问题进行思考和讨论。首先，本书拟对国内关于专业图书馆的研究进行简要的综述，力求客观而全面地呈现近十年来专业图书馆的大致研究进展；其次，选取国内具有代表性的3所专业图书馆，充分展现其发展现状和面临的主要挑战；然后，本着“他山之石，可以攻玉”的初衷，对德国、美国、加拿大、澳大利亚、日本、俄罗斯、英国、中国具有代表性的16所专业图书馆进行较为详细的调查和分析；最后，期望在系统地呈现部分世界主要国家和地区的专业图书馆发展实践的同时，为我国更多专业图书馆的发展与转型提供具有现实意义的参考，也希望能够抛砖引玉，引起更多专家学者对专业图书馆未来发展的关注与讨论。

本书拟研究的16所学术型专业图书馆分别是：德国国家科技图书馆、德国国家医学图书馆、美国国立医学图书馆、美国国家农业图书馆、美国国家标准与技术研究院图书馆、加拿大联邦科学图书馆、加拿大国家科学图书馆、澳大利亚联邦科学与工业研究组织图书馆、澳大利亚地球科学局图书馆、日本国立情报学研究所图书馆、日本原子能研究开发机构图书馆、俄罗斯国家公共科技图书馆、英国国家物理实验室图书馆、国家科技图书文献中心、中国科学院文献情报中心、“台湾研究院”图书馆。调查的内容框架主要为：图书馆概况和（或）所在母体机构概况、发展战略与行动计划、资源建设、用户服务、研究与发展、压力与挑战等。这16所学术图书馆覆盖了国家级专业图书馆、国家级科研机构内大中型专业图书馆、国家级以下科研机构内中小型专业图书馆、专业图书馆虚拟联合体等不同规模、不同类型、不同性质的图书馆，具有较强的代表性。特别需要指出的是本书中的国家与图书馆排序，仅与作者最初确定调研目标先后相关，并无地域、业务强弱方面的因素影响。

1.2 近10年国内专业图书馆研究概况

1.2.1 文献数量及年份分布

主要通过检索中国知网，辅之以维普、万方等数据库以及常见搜索引擎、百度学术、中国科学院文献情报中心机构知识库等途径，笔者描述了近10年来国内关于专业图书馆的研究概况，以期尽量客观、凝练地呈现国内学者对专业图书馆的思考与讨论。

对专业图书馆的关注与研究包括期刊论文、学位论文、图书、报纸等，仅以其中的期刊论文为例进行简化分析，如在中国知网上以“专业图书馆”为主题进行检索，发表时间限定为“2007—2017年”，可知近10年来“专业图书馆”主题文献（含部分报纸、期刊通讯等非研究论文信息，下同）共有1320篇，整体呈波动下降趋势，见图1-1；且远小于“公共图书馆”和“高校图书馆”的主题论文数量，见图1-2。

1.2.2 研究主题分布

整体而言，近10年国内对“专业图书馆”的关注较为多元，从馆藏发展到资源共享、从大数据时代的角色定位到核心竞争力构建、从服务质量评价到馆员能力标准分析，几乎包罗万象、应有尽有。经EndNote X8软件对以上1320篇文献的关键词进行统计可知，1320篇论文共有2136个不重复的关键词，其中词频大于等于5且具有实际意义的关键词有124个，经进一步筛选、合并同义词并分类整理，主要高频关键词见表1-1。

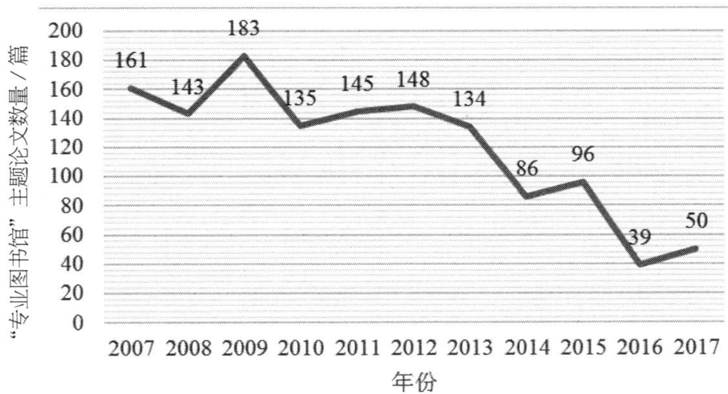

图1-1　近10年中国知网"专业图书馆"主题论文数量（2007—2017）

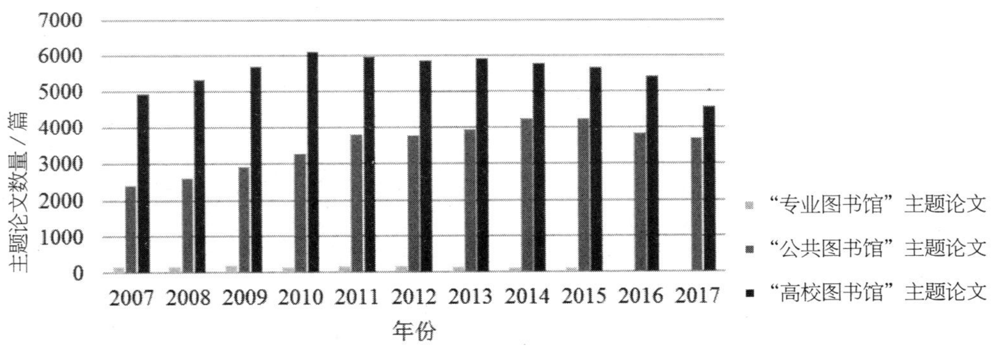

图1-2　近10年中国知网"专业图书馆""高校图书馆""公共图书馆"主题论文数量对比（2007—2017）

表1-1　近10年"专业图书馆"相关文献主要高频关键词

研究主题	关键词	词频	关键词	词频
图书馆资源	资源共享	31	特色馆藏	8
	信息资源	23	文献资源	8
	数据库（系统）	23	数字资源长期保存	8
	文献资源建设	23	数字资源	7
	知识库	22	IR	7
	藏书（馆藏）建设	19	信息资源共享	6

（续表）

研究主题	关键词	词频	关键词	词频
图书馆资源	馆藏（资源）	17	资源共建共享	5
	共建共享	15	资源整合	6
	信息资源建设	14	文献采访	5
	资源建设	13	特色数据库	5
	文献信息	10		
图书馆服务	信息服务	66	情报服务	15
	知识（化）服务	62	服务创新	15
	学科（馆员）服务	36	创新服务	10
	服务模式	32	用户需求	10
	读者服务	29	特色服务	10
	学科化服务	25	用户服务	9
	个性化服务	19	数字化参考咨询	5
	参考咨询（服务）	19	文献传递	5
	图书馆服务	17		
图书馆空间	信息共享空间	6		
图书馆管理	人力资源管理	9	学科馆员制度	5
	人力资源	7	总分馆制	5
	管理模式	6		
图书馆人员	学科馆员	40	馆员素质	7
	图书馆员	28	图书馆工作人员	7
	职业竞争力	8	图书馆馆长	6
图书馆教育	图书馆学	25	教育	8
	情报学	11	学科建设	6
	图书馆学教育	10		
图书馆形态	专业图书馆	317	法律图书馆	15
	中国科学院文献情报中心	92	高职院校	10
	高校图书馆	59	中医药	7
	医学（专业）图书馆	44	城市图书馆	7
	数字图书馆	42	高校专业图书馆	7
	（中）小型专业图书馆	13	联合图书馆	5

（续表）

研究主题	关键词	词频	关键词	词频
其他	图书馆	229	开放源码	11
	中国图书馆学会专业图书馆分会	131	数字化（建设）	11
	网络环境	43	情报工作	9
	中国图书馆学会	36	竞争情报	8
	创新	32	图书馆法	8
	图书馆联盟	32	知识管理	7
	图书馆信息技术	20	战略规划	6
	图书馆事业	19	竞争力分析	5
	核心竞争力	16	开发利用	5

由表1-1可以得到如下结论。

① 就图书馆资源而言，近10年来国内学者比较关注专业图书馆的资源建设与共建共享、数字资源建设、特色资源建设以及机构知识库建设等相关问题，如刘健[3]认为艺术院校图书馆应建成艺术教学研究型的以人文社科文献为基础，以艺术类文献为主，以艺术专业学科为重点的文献资源特色馆藏，应着重抓住机遇搭建人文社科平台，重点保障人文精神食粮。

② 就图书馆服务而言，学者们在关注参考咨询服务、学科服务等基础性服务的同时也将视线拓展至知识服务、情报服务、个性化服务等层面，并着重探讨服务内容与形式的创新发展，如刘细文等[4]呈现了中国科学院研究所文献情报机构的知识服务经验，包括科研文献资源保障服务、文献信息咨询服务、专题文献信息服务、学科信息服务与信息环境建设、专题情报研究与服务、信息分析与知识服务平台建设等。

③ 相对而言，学者们对专业图书馆的空间建设问题关注得较少，仅信息共享空间得到了一定的关注，如曹强[5]通过进行优劣势与可行性分析、建设流程与实施方案设计，论述了中小型专业图书馆信息共享空间建设作为一种新的服务模式的价值。

④ 在图书馆管理方面，人力资源管理、学科馆员制度、总分馆制度成为学者们关注的重点，如陈群[6]认为专业图书馆人力资源建设存在知识结构单一、综合业务素质不高，待遇低、人才流失严重、服务观念陈旧，竞争意识淡薄、从业积极性不高、缺乏敬业精神等主要问题，并建议树立“以人为本”的人力资源管理新理念，采取合理配置人力资源、竞争上岗、建立内部激励机制等措施，重视对馆员的培训和继续教育，加强人才队伍建设。

⑤ 在图书馆人员方面，图书馆员的素质、竞争力成为重点关注话题，如林丽珊和叶月[7]从其他学科背景与图书情报学科背景对比的角度，分析了专业图书馆发展对馆员成为学科馆员、信息与情报专员、研究型图书馆员且具有团队合作精神的要求，并建议专业图书馆重视人才引进、按最佳学科专业结构培养人才、建立多科学且多层次的馆员队伍、保持人才队伍

的连续性并实行适当的激励机制。

⑥ 在图书馆教育方面，学者们比较注重对图书馆学学科建设和人才教育的研究，如郝晓兰[8]认为特色图书馆建设要服务于重点学科建设。

⑦ 在图书馆形态方面，中国科学院文献情报中心是国内最具代表性的专业图书馆之一，而医学图书馆、法律图书馆是专业图书馆领域的重点关注对象，并且中小型专业图书馆的发展也得到了较多的关注，如吴霞等[9]以中国科学院高能物理研究所图书馆为例探讨了数字环境下中小型专业图书馆业务重组的动因、内容、措施和成效等问题。

⑧ 整体而言，近10年对专业图书馆的关注比较多元，专业图书馆与公共图书馆、高校图书馆的交流合作较为密切；学科馆员制度、知识服务模式是专业图书馆核心竞争力的重要内容；但对诸如科学数据管理、开放存取出版、数据共享等相对热点和前沿问题的探讨还存在一定的欠缺和滞后。

1.2.3 研究重点与难点

综上，笔者认为对当下专业图书馆的发展实践具有现实指导作用或借鉴意义的部分研究重点与难点如下。

（1）专业图书馆服务创新

与公共图书馆、高校图书馆一样，专业图书馆的服务也在不断创新和发展，服务内容、形式都在不断演进，其中知识服务、科学数据管理等相对新兴的服务也成为专业图书馆服务的重要课题。例如，中国科学院上海生命科学信息中心孙继林、高柳滨[10]认为专业图书馆应把国家创新战略需求作为知识服务的首选，要充分发挥图书馆情报专业技能优势，积极贴近学科并与对应学科的研究人员互动，也要善于借助现代信息和网络技术探索知识服务。再如，中国社会科学院图书馆杨沛超[11]认为专业图书馆深化体制机制改革有助于服务创新，服务创新体系建设可包括用户参与、结构合理的资源建设，深度揭示、集成整合的资源发现，资源发现、获取、利用的“一站式”服务，多渠道、多层次的用户培训服务，全天候、多方位的参考咨询服务，联合共享、高度保障的馆际互借与文献传递服务，嵌入用户信息环境的网络服务，便利、舒适的信息共享空间服务等方面。

（2）新的学术环境下专业图书馆角色定位

在开放创新、开放科学、开放数据等的新环境下，各类图书馆较之此前的社会功能和定位都有了一定的调整或改变，专业图书馆也不例外。例如，中国医科大学图书馆刘春丽[12]认为在开放科学、开放数据环境下，专业图书馆可能扮演与研究周期各个阶段的科学产出匹配的知识服务中心和开放数据的管理与保存中心两大角色。

（3）专业图书馆面临的困难、挑战与发展转型

不少学者都意识到专业图书馆面临着困难与挑战，也在探索发展转型的道路。例如，中国图书馆学会专业图书馆分会赵树宜[13]解读了2009年度国家科技图书文献中心（NSTL）9个专业图书馆成员单位的年度报告，呈现了我国具有代表性的专业图书馆在数字化文献保障体系建设、专业化文献信息服务模式构建、专题情报研究与咨询服务等方面的进展，并认为专业图书馆面临资源体系结构重组、专业化服务转型、用户需求多样化发展以及知识化、专业化人才匮乏的多重压力。再如，广东省科技图书馆魏东原[14]认为"面对急剧转型的社会，专业图书馆的危机真的来了"，并且建议专业图书馆可从发展模式、服务模式、管理模式等方面进行转型，具体包括深化学科服务、普及科学知识、创设学习空间、培育竞争力、建设和谐图书馆等措施。

1.3 国内典型专业图书馆的简要发展现状与主要面临的挑战

我国专业图书馆数量众多，笔者选择在学科方面具有代表性的中国科学院文献情报中心（国家科学图书馆）、中国农业科学院图书馆（国家农业图书馆）、中国医学科学院/北京协和医学院图书馆为例分析我国典型专业图书馆的简要发展现状和所面临的主要挑战。

1.3.1 3所典型专业图书馆简要发展现状

在发展现状方面，上述三所专业图书馆均是国家级科研机构内大中型的综合性专业图书馆，各自的文献保障、知识发现、科技查新、情报研究、系统建设等服务及相应基础设施都较为齐备，在各自学科领域发挥着学科信息中心的枢纽作用。举例如下。

① 中国科学院文献情报中心连同各研究所图书馆构成了全院的文献情报系统，业务布局覆盖文献资源建设、用户服务、情报研究、传统出版、开放获取出版、科学文化传播、科学基础设施建设等多个方面，在我国的专业图书馆领域具有重要的引领示范作用。

② 中国农业科学院图书馆即国家农业图书馆的前身，建有农业专业知识服务系统（农知搜索）、农业科技热点网络监测系统、农科机构知识库、国家农业科技创新联盟科技农业信息资源共建共享平台（农科发现）等重要的系统平台，在整合全国的农业科技资源、服务全国的农业科学研究方面发挥着核心枢纽的作用。

③ 中国医学科学院图书馆在生物医学文献服务、医学知识发现等方面占据着举足轻重的地位，也承担着中国与世界卫生组织、美国国立医学图书馆、德国国家医学图书馆等国外医学信息机构及国际组织进行交流合作的桥梁作用。

1.3.2 3所典型专业图书馆主要面临的挑战

在面临的挑战方面，在数字化、网络化环境下，上述三所图书馆都面临数字资源建设与长期保存、精准化与个性化用户服务、科学数据管理、空间再造等方面的压力或挑战。例如，由NSTL统筹组织、中国科学院文献情报中心深度参与的国家数字科技文献资源长期保存体系正在稳步但较为缓慢地推进，其中面临着不少来自技术、标准、资源等方面的压力。与美国国立医学图书馆、美国国家农业图书馆等国家级专业图书馆相比，中国医学科学院图书馆、中国农业科学院图书馆在生命科学、农学等领域的科学数据管理的基础设施建设与维护、数据资源集成与数据利用、领域信息产品开发、开放获取与数字出版等方面还存在一定的差距。

参考文献

[1] 刘兹恒，涂志芳.学术图书馆参与数字出版的动因与条件分析[J].图书情报工作，2016(3):32-37.

[2] 赵树宜.我国专业图书馆发展现状和面临的挑战[J].图书情报工作, 2011, 55(23):145-148.

[3] 刘健.艺术院校图书馆特色资源建设刍议[J]. 图书情报工作, 2010(增刊2):109-112.

[4] 刘细文, 吴鸣, 张冬荣,等.中国科学院研究所文献情报机构的知识服务探索与实践[J]. 图书情报工作, 2012, 56(5):5-9.

[5] 曹强.中小型专业图书馆信息共享空间建设实例研究[J].现代情报, 2015, 35(7):79-83.

[6] 陈群.新时代专业图书馆的人力资源建设与管理创新[J].图书情报工作, 2008(增刊2):187-191.

[7] 林丽珊，叶月.学科专业VS图情专业:试论专业图书馆的人才选择[J].图书情报工作，2011(增刊1):287-291.

[8] 郝晓兰.特色图书馆建设要为重点学科建设服务[J]. 辽宁工业大学学报(社会科学版), 2007, 9(6):33-35.

[9] 吴霞, 赵春梅, 于润升,等.数字环境下专业图书馆的业务重组和转型探讨——以中国科学院高能物理研究所图书馆为例[J].知识管理论坛, 2015(4):1-6.

[10] 孙继林，高柳滨.专业图书馆提供知识服务的探索[J].图书馆杂志，2007，26(3):37-38.

[11] 杨沛超.深化体制机制改革创新专业图书馆服务——中国社会科学院图书馆的实践与思考[J].图书情报工作, 2013, 57(22):5-9.

[12] 刘春丽，徐跃权.开放科学和开放数据环境中专业图书馆的新角色[J].图书馆建设，2014(2):83-88.

[13] 赵树宜.我国专业图书馆发展现状和面临的挑战[J].图书情报工作, 2011, 55(23):145-148.

[14] 魏东原.专业图书馆转型探索[J].图书馆论坛, 2012, 32(6):167-169.

2 德国专业图书馆

2.1 德国国家科技图书馆

2.1.1 机构概况

德国国家科技图书馆（German National Library of Science and Technology/Technische Informationsbibliothek，TIB）[1]是工程、技术与自然科学领域的德国国家图书馆之一，由德国联邦教育与研究部（Federal Ministry of Education and Research，BMBF）及16个州联合建立于1959年，TIB同时也是汉诺威莱布尼兹大学（Leibniz Universität Hannover，LUH）图书馆，保障汉诺威莱布尼兹大学教学与研究的文献信息需求。

2.1.2 战略方针与行动计划

下面以德国国家科技图书馆“战略方针、目标与行动方案（2015—2017）”为例[2]，了解TIB对发展现状的回顾和对发展方向与策略的思考。整体而言，TIB的发展战略覆盖基础设施建设、非文本资源建设、提供多元化服务、开展研究与教育活动、进行国内国际合作等方方面面；具体而言，TIB的战略主要包含以下内容。

2.1.2.1 TIB价值观

价值观是TIB开展各项服务与研究工作的指导原则和行动依据，TIB在制定与实施战略之前重申其所遵循的价值观。

① 开放的理念：TIB崇尚开放的理念，愿意与世界分享知识、交流思想、尊重文化。

② 负责的态度：TIB积极承担社会责任，以可持续的实际行动保护国家和世界的文化遗产并促进知识流动和转移，以创造社会价值。

③ 尊重与服务：TIB尊重用户的差异，尽可能满足用户的个性化信息需求，为公众提供广泛的教育与培训机会。

④ 学习与变化：TIB自认为处于不断变化的社会环境下，需要不断学习以适应社会、连接世界并将用户与员工的发展纳入TIB的大发展之中。

⑤ 创意与创新性：一方面，提供资源和服务，激励对科学感兴趣的用户发挥创意，另一方面，TIB研究、开发创新性的解决方案，通过创新创造提升核心竞争力。

⑥ 可靠与可持续：确保TIB及时的、灵活的、高质量的和面向未来可持续的发展与服务。

2.1.2.2 面向未来的长期保存

数字资源长期保存不仅关乎当代人、也关乎下一代人的获取与利用，其重要性不言而喻。为实现数字资源长期保存和文化遗产保护的战略目标，TIB采取的行动如下。

① 确保技术完整性：从国家层面设计文献保障系统，并根据技术策略适当调整内容策略。

② 完成数字化转变：适应学术资源数字化的发展趋势，TIB将通过获取原生数字资源内容、为数字资源建设技术基础设施、发展新的资源使用许可和获取模式等途径实现资源建设从传统形式向数字化形式的转变。

③ 获取与保存文化遗产：TIB主要通过支持德国数字图书馆（German Digital Library）和欧洲数字图书馆（Europeana）等其他数字文化资源保存机构来实现获取与保存文化遗产的目标。

④ 开发存储系统：TIB根据存储策略开发长期保存系统，与其他图书馆联合运营保存系统，并为其他科学服务机构提供存储系统的利用。

⑤ 提供网络基础设施：主要为研究数据的收集、存储、保存、管理、利用提供网络基础设施，积极与其他机构（如DataCite）合作开展研究数据管理活动。

2.1.2.3 知识开放获取

在法律、技术和经济条件许可的前提下，尽可能帮助用户在任何时间、任何地点获取所需的资源。为此，TIB制定开放获取战略，推动高质量的、可持续的开放科学，探索通过作者、出版商而得以访问数字内容的许可新模式。TIB为实现知识开放获取战略目标而采取的行动计划主要如下。

① 支持开放科学：制定各类型信息资源的开放获取策略，建立开放科学实验室，建设学科存储库和机构知识库并提供相应的服务。

② 保障信息获取途径通畅：计划采取的措施包括软硬件工具的优化升级，如元数据方案、文本与数据挖掘、本体、语义网等，提供面向用户的信息门户。

③ 把内容带给用户：采取媒体策略，充分利用搜索引擎和社交媒体网络的传播优势，参与开放数据运动，通过链接与传播把优质内容带给用户。

④ 提供数字内容访问：与国际出版集团进行谈判、协调与合作，在Goportis数字保存系统中建立数字内容授权中心，充分保障用户对数字内容的访问权限。

⑤ 实现逆向转型：制定数字化战略、建立TIB基础设施、实现数字化资源的唯一所有权。

⑥ 提高存储库的易用性：了解用户需求、用户画像和行为特点，通过优化产品策略、改善用户体验、提高服务可用性，从而降低用户使用存储库的难度，提高存储库的可用性和易用性。

2.1.2.4 研究与科学支持

TIB作为德国国家科学技术图书馆，有着与生俱来的支持研究与科学发展的使命，在科学创新、科技进步、推动就业方面发挥着基础性的作用。TIB主要通过以下行动实现研究与科学支持的战略目标。

① 保障研究基础设施：包括建设研究数据引用的基础设施、建立非文本资料竞争力中心、建立Goportis授权中心并为科学研究机构提供长期保存服务。

② 提供知识转移服务：建设知识转移的基础设施，发展中小型企业新用户群组，提供信息与媒介素养服务。

③ 发挥科学政策顾问作用：在开放获取范畴内提供用户需求、版权保护等方面的咨询，参与相关研究委员会工作组的决策咨询工作。

④ 扮演科学文化传播角色：图书馆有展示、传播科学文化的职责，针对不同的目标群体传播对应的科学文化成果。

2.1.2.5 国内与国际合作

战略联盟、全球网络对于拓展图书馆的边界、实现图书馆的可持续发展具有非常重要的意义。在国际化环境下，TIB与专业图书馆、研究项目进行服务、发展、创新方面的合作交流。

① 成为全球战略网络的合作伙伴：建立广泛的联盟与合作关系，包括通过理事会工作、讲座、会议等途径提升国内国际的知名度，继续推进与Goportis的未来合作并加强与莱布尼兹协会信息基础设施的合作，在DOI服务方面加强与DataCite的合作等。

② 提升TIB专家的知名度：一方面对TIB馆员进行潜力挖掘和技能培养并鼓励参加合适的培训，通过出版物、演讲等的公开途径提升TIB馆员的知名度。

③ 引导欧洲图书馆事业提升核心竞争力：在元数据开发和标准化、研究数据管理、非文本资料处理、信息许可与存储方面发挥关键合作伙伴的主导作用，提升德国及欧洲图书馆与信息事业的核心竞争力。

2.1.2.6 研究活动

TIB是研究型图书馆，研究活动及研究成果的应用有助于TIB优化服务、加速创新。TIB的主要研究活动如下。

① 保障研究条件：包括计算机科学领域人才的引进、研究资金支持、建设开放科学实验室、加速参与莱布尼兹科学2.0计划等。

② 建立非文本资料竞争力中心（KNM）：包括围绕KNM创建视觉分析专业团队，进行

非文本资料内容建设、开发或优化研究资料搜索与访问方法等。

③ 开展数据科学研究：与莱布尼兹协会的多个成员机构合作开展数据科学研究。

④ 与工业和商业界建立并扩大合作：TIB主要进行合作模式的设计与开发，促进科学研究成果的转化，从而实现其社会价值和经济价值。

⑤ 确保研究可持续：促进TIB研究、发展、运营的可持续发展。

2.1.2.7 汉诺威大学图书馆

TIB同时作为汉诺威大学图书馆，需要针对教学研究特点和师生用户需求提供空间、资源与服务，如为学生提供良好的学习环境、为教学科研人员提供资源保障。

① 提供本地服务：根据汉诺威莱布尼兹大学的学科特点、研究与发展方向专注于内容建设，提供出版物服务、信息咨询服务、研究数据管理服务等。

② 信息与媒介素养教育：将信息与媒介素养教育纳入汉诺威大学的课程体系，结合使用研讨、培训方式提供咨询与培训服务，与校内外机构合作开展信息与媒介素养服务。

2.1.2.8 TIB未来展望

TIB以积极主动的心态迎接未来发展可能面临的挑战，通过落实行动计划实现战略发展。

① 成为有质量的可持续发展机构：以发展变化的眼光、拥抱变化的心态面对不断变化的社会环境与实际馆情，不断制定总体战略并贯彻实施，TIB馆员不断学习新的知识与技能。

② 成为有吸引力的用人单位：TIB的可持续发展离不开TIB人员的持续努力，TIB希望成为具有吸引力、竞争力的用人单位，计划采取的措施包括为员工提供具有竞争力的报酬和实现自我价值的平台，帮助员工平衡工作、家庭和生活，为员工个人发展提供公平机会等。

2.1.3 资源与服务

2.1.3.1 资源检索与发现

TIB馆藏资源覆盖工程、技术、建筑、化学、信息技术、数学、物理学等学科[3]，资源包括电子期刊、电子图书、特色数据库、多媒体资源、研究数据、会议报告、德国研究报告、国际研究报告、博士论文、东亚和东欧文献、专利与标准、科技领域灰色文献等。

2.1.3.2 基本服务

TIB为读者提供到馆服务和非到馆服务，其中到馆服务包括查询、浏览、借阅、复印等；非到馆服务包括国内和国际的馆际互借、国内外文献传递及TIB subito图书馆服务。

2.1.3.3 DOI服务

TIB是DOI的注册代理机构之一，与DataCite合作提供DOI服务，其中DataCite提供技术基础设施支持[4]。DOI能够使研究成果与相应出版物建立关联，提高科学数据访问、避免重复劳动并促进新的研究与合作，注册DOI后的各种类型的研究成果都能够被方便地引用（包括数据、科学电影及电影片段等）。TIB的DOI服务内容与对象如下。[5]

（1）分配DOI的学科领域

TIB负责为技术与工程、建筑、化学、计算机科学、数学、物理学等领域的研究产品分配DOI名称，其他学科类型的科学成果由其他注册代理机构分配DOI（莱布尼兹生命科学信息中心分配医学和生命科学领域，莱布尼兹经济信息中心分配经济学领域，莱布尼兹社会科学研究所分配社会科学领域，多学科领域的研究成果只接受其中一家的DOI分配）。

（2）分配DOI的资料类型

TIB为多种类型的研究资料分配DOI，包括：①研究数据；②非文本资料（如视频、图片、3D模型等）；③灰色文献；④学术机构出版的开放获取期刊文章。

（3）DOI服务对象

TIB的DOI服务主要面向上述学科领域的、拥有数字基础设施的研究机构、图书馆、大学及其他机构，其中要注册DOI的研究成果应该是高质量的、有引用和出版价值的、对科学家有帮助的，此类研究成果应得到至少10年的数字保存。学术机构的DOI注册免费，而非学术机构需付费。

2.1.3.4 研究数据服务

研究数据大量且广泛产生于科学研究的过程，如测量结果、二次分析、可视化结果、模型、问卷调查等多种形式，因此以数字化形式收集、处理、利用数据变得越来越重要。研究数据出版便是保障数据收集、存储、访问和利用的一种有效机制，数据出版能够为研究者及学术社区带来诸多益处，如数据更加便于重用和验证、提升研究者及出版物的学术声誉、避免重复劳动、促进新的研究进展，同时也符合德国研究基金（German Research Foundation，DFG）“良好的科学实践”（rules of good scientific practice）的要求。TIB提供的研究数据存储与出版服务主要如下。[6]

（1）研究数据出版咨询与支持

目前，数据出版有多种途径，主要取决于数据类型和数据所属学科。为此，TIB建议用户首先查询并参考目前为止最大、最复杂的全球性研究数据知识库注册系统，re3data（Registry of Research Data Repositories），然后选择数据类型、学科、费用等条件都合适的数据出版平台。RADAR是TIB为研究机构和研究人员提供数据存储与出版的数据知识库，也是re3data的注册库之一；主要提供与格式无关的数据存储服务、研究数据出版和永久保存综合服务、数据同行评审服务[7]，TIB为用户提供利用数据知识库RADAR进行数据出版的咨询与培训。另外，汉诺威莱布尼兹大学信息技术部门将数据知识库嵌入该校的基础设施，教职员工还可利用该项IT服务进行数据出版。

（2）研究数据管理服务

研究数据管理（Research Data Management，RDM）与数据创建、数据处理、数据存储、数据出版等环节相关联，另外也因为越来越多的研究资助机构要求研究者进行数据管理，出版机构也要求提供出版物的辅助数据，RDM已成为研究过程中的一种良好实践。为此，TIB为研究者和图书馆提供研究数据管理、研究数据处理、数据管理计划相关的主题研讨、咨询、培训服务[8]。

2.1.3.5 开放获取与数字出版

TIB围绕开放获取与数字出版提供多种服务。

（1）开放获取出版资助及其咨询

开放获取出版模式要求作者支付文章处理费用（Article Processing Charges，APC），TIB努力通过多种方式资助开放获取出版物的出版费用。例如，莱布尼兹大学设立开放获取出版基金为本校研究人员资助开放获取期刊出版费用；TIB用户发表高能物理领域的开放获取期刊论文可申请粒子物理开放出版资助联盟计划（Sponsoring Consortium for Open Access Publishing in Particle Physics，$SCOAP^3$）的资金资助（德国是该计划的参与国之一）[9]。

（2）开放获取存储库

除开放获取期刊外，开放获取存储库也是实现开放存取的另一种途径，TIB根据服务对象的不同提供两种开放获取存储库服务，一是“LeibnizOpen”，即TIB为莱布尼兹联合会（Leibniz Association）研究机构的研究人员提供开放获取咨询与支持[10]（LeibnizOpen是莱布尼兹联合会的开放获取中心门户）；二是“莱布尼兹大学机构库”，即为莱布尼兹大学建立的机构知识库提供运营、管理、服务[11]。

另外，TIB还提供围绕开放获取全过程的咨询支持，提供开放获取选择与出版物策略，提供与开放获取相关的信息与资料的链接。

2.1.3.6 数字存储与保存

TIB是德国科学技术领域的存储图书馆（Depository Library），接收各类资源的法定呈缴。除提供印本及电子数字资源的保存外，TIB还专门提供数字保存服务。TIB保存各种来源的数字对象并将其存储到知识库中，包括研究报告、灰色文献、电子书及其他数字化对象，数字保存是TIB复杂保存战略的一部分，主要对科学技术领域的数字资源及汉诺威莱布尼兹大学出版的所有出版物进行收集和保存。另外，TIB运营着数字保存系统“Goportis – digital preservation archive”，获得数据认可印章（Data Seal of Approval，DSA）的认证，数字保存服务具有较高的可信赖性[12]。

2.1.4 研究与发展

为了更好地优化服务，TIB不断地通过合作、创新提升其研究与发展能力。TIB的研究活动聚焦于以下领域[13]。

2.1.4.1 视觉分析

截至2017年8月TIB视觉分析团队拥有7名成员，不仅进行视觉分析研究，还为汉诺威莱布尼兹大学开设视觉分析讲座与课程，并将团队的研究成果进行出版。其中，视觉分析主要聚焦的领域包括视觉资源的分析、检索和利用，具体包括视觉数据（如图像、视频、3D模型等）的分析和自动注释、各领域数据自适应分类程序、媒体数据分析与注释的深度学习、相似搜索、大体量媒体馆藏资源的智能展示与可视化、大体量媒体馆藏资源的互动搜索、大体量媒体馆藏资源搜索的可用性等[14]。

2.1.4.2 数据科学

TIB认为，数字形式的科学/技术数据呈指数级增长，如研究数据、视听资料、3D信息、仿真模型与软件等的增长对其收集、索引、提供内容的能力提出了新的要求。为此，TIB将“超越文本”作为一项长远策略，利用新思想、新技术、新方法，对内实现信息挖掘与处理，对外实现用户服务优化组合，数据科学（data science）便是TIB实现其战略的一个研究与发展方向。

当前，数据科学是通过跨数学、统计、计算机科学等学科的方式实现数据挖掘、建模、分析以实现专题决策支持的目标，TIB的数据科学研究活动专注于设计、实施适用于图书馆的解决方案，对TIB馆藏资源中不断增长的数据实现可持续的检索、查询与存储。TIB将其重点研究领域聚焦于两个方面：一是文本（数据）挖掘，即从非结构化或弱结构化文本中挖掘有价值的信息、识别潜在相关性，这类分析技术可用于改善TIB的服务及门户网站的基础设施建设；二是实现基于本体和分类法的知识管理，这类知识管理有助于TIB拓展服务，如实现层次搜索或搜索项的拓展[15]。

2.1.4.3 非文本资料

TIB专门建立了视听资源门户（TIB AV Portal）并设立了非文本资料竞争力中心（KNM），该中心团队由信息技术发展、多媒体检索、本体、媒体、信息科学、法律等领域的跨学科背景成员组成，旨在从根本上改善多媒体资源的访问和利用。KNM致力于在非文本资料收集、索引、提供、数字存储方面开发创新性的问题解决方案，通过基础设施和工具研发以及服务探索以实现非文本资料像文本资料一样方便地发布、定位、索引和利用[16]。TIB非文本资料的研究主要专注于多媒体检索、自动索引、语义搜索、视觉搜索、关联数据和语义应用等，提供的非文本资料服务包括存储、按国际标准进行索引、数字对象标识符（Digital Object Identifiers，DOI）和媒体片段标识符（Media Fragment Identifiers，MFID）注册、关联开放数据、数字保存、数字出版咨询与支持等。

2.1.4.4 开放科学

网络化、数字化环境加速了科学事业的转型，网络成为研究者日常工作的内在组成部分，科学研究涉及更多的开放和协作的数字化工作实践。为此，TIB成立了开放科学实验室（Open Science Lab），为研究社区应对科学研究的变化提供战略、工具和实践方面的帮助。目前，开放科学实验室聚焦于关联开放数据、文本与数据挖掘、书目数据收集与评估、非常规数字媒体资源的可发现等问题的探索、交流与研究，推动TIB的创新进程。其中，“VIVO”与“CoScience”是实现开放科学实验使命的两个重要项目，VIVO是一款研究人员科研协作的开源软件平台，支持记录、编辑、搜索、浏览、分析和可视化等的学术活动；CoScience是网络协同研究与出版平台，促进研究人员研究过程更加协同和开放，推动研究工作的创新互动，促进知识和教育资源的开放共享[17]。

2.2 德国国家医学图书馆

2.2.1 机构概况

德国国家医学图书馆（The German National Library of Medicine，德语Deutsche Zentralbibliothek für Medizin，简称ZB MED）[18]，又称德国生命科学信息中心（Information Centre for Life Sciences），是德国医学、保健科学、营养、农业、环境科学五个领域的德国国家图书馆之一，位于德国科隆和波恩两个城市。ZB MED由联邦卫生部和德国16个州共同资助运行，最初于1973年由几家医学机构合并而成，在2002至2003年进一步将资源及服务的学科范围扩大到营养、环境和农业科学，是欧洲最大的医学图书馆[19]。同时，ZB MED也是世界卫生组织（World Health Organization，WHO）的德国文献中心以及联合国粮农组织（Food and Agriculture Organization of the United Nations，FAO）的存储图书馆。

2.2.2 战略方向与合作网络

2.2.2.1 LIBER战略

欧洲研究图书馆协会（Association of European Research Libraries，德语Ligue des Bibliotheques Europeennes de Recherche，简称LIBER）是欧洲最大的研究图书馆网络，拥有分布在40多个国家或地区的420多家成员，ZB MED便是其中的重要成员之一[20]。LIBER的使命、价值观、愿景、发展战略等对包括ZB MED在内的德国专业图书馆起到战略指导作用，有利于成员图书馆在关键领域采取行动从而实现更好的发展。

其中，LIBER的使命是助力欧洲研究成为世界一流：

① 提供信息基础设施，助力LIBER成员及其服务机构的研究成为世界一流；

② 通过LIBER的基础设施和服务提升用户体验；

③ 在欧洲范围的国内国际论坛发出LIBER的声音；

④ 培养具有创新精神且能领导欧洲研究图书馆走向国际的图书馆与信息专业人员。

LIBER的价值观是协作与包容：

① 为图书馆和信息机构提供高质量的服务；

② 知识自由与学术获取；

③ 与校园、区域、国家、欧洲及全球伙伴建立合作关系；

④ 以最适当的形式管理馆藏及机构资源；

⑤ 不断提高领导力、创新力和拥抱变化的意愿；

⑥ 包容性、机会平等及实现潜能。

LIBER面向2022年的愿景是为数字时代知识可持续赋能：

① 开放获取是主要的出版形式；

② 研究数据可查找、可访问、互操作、可重用（FAIR）；

③ 数字技能支撑更加开放和透明的研究生命周期；

④ 研究基础设施是参与式、定制式的以满足学科多样化需求；

⑤ 今天的数字信息便可能是明天的文化遗产。

同时，根据LIBER战略（2018—2022）[21]可知，未来五年包括ZB MED在内的德国主要专业图书馆秉持的发展理念和业务重点将聚焦于以下三个战略方向。

（1）创新性学术交流平台

图书馆作为创新性学术交流平台，多个工作组将围绕这一战略方向开展活动：①版权和法律事务组（Copyright and Legal Matters）将在政策层面推动研究图书馆的版权和法律事务，为各成员图书馆及其研究人员提供建议和指导；②开放获取工作组（Open Access）将在知识库网络层面开发创新服务，包括开放获取期刊商业模式及图书馆在其中的角色作用、图书馆作为开放存取出版者的可能性及其创新出版服务；③创新评价工作组（Innovative Metrics）将与其他利益相关方合作开发监测和评估研究的创新指标。

（2）数字化技能与服务中心

图书馆作为数字化技能与服务中心，主要有3个相关工作组将在这一领域采取行动：①数字人文与数字文化遗产工作组（Digital Humanities & Digital Cultural Heritage）将推出并加强该领域的图书馆服务，将图书馆定位为数字文化遗产和数字人文的中心节点；②领导力培养工作组（Leadership）将提供必要的培训帮助研究图书馆专业人员保持领先优势并领导其他组织机构；③图书馆员工和研究人员数字技能工作组（Digital Skills of Library Staff Members and Researchers）以及服务组合转型工作组（Service Portfolio Transformation）也将在后期参与其中并发挥作用。

（3）研究基础设施合作伙伴

图书馆作为研究基础设施合作伙伴，研究型图书馆可以通过支持互操作、可扩展的基础设施建设与发展来打破学科之间的障碍，促进图书馆服务在机构层面的无缝链接，推动知识的可持续发展，相关工作组将在这一领域采取行动：①建筑论坛组（Architecture Forum）将努力促进图书馆员与建筑师之间的交流，提升对图书馆建筑设计的认识与共识；②研究数据管理工作组（Research Data Management）将继续探索实现研究数据可查找、可访问、互操作、可重用（FAIR）的图书馆数据服务，如支持项目研究期间的数据管理、支持利用数据仓储/数据知识库保存和发布研究数据集，并将数据链接到对应出版物；③文本与数据挖掘工作组（Text and Data Mining）、开放关联数据与语义互操作工作组（Linked Open Data & Semantic Interoperability）、共享服务与云服务工作组（Shared Services & Cloud Services）也将在后期阶段参与其中。

2.2.2.2 莱布尼兹图书馆研究信息网络

德国国家科技图书馆和德国国家医学图书馆都是莱布尼兹协会成员且都是专业类型的德国国家图书馆，两者联合德国国家经济图书馆共同组建了“莱布尼兹图书馆研究信息网络”（Goportis-Leibniz Library Network for Research Information），联合为科学研究与实践提供信息方面的解决方案。目前主要服务与发展方向如下。[22]

① 研究数据开放与出版：学术研究与出版过程的透明度要求共享和出版研究数据，提高研究数据的可发现性、可引用性和重用性。

② 语义应用：与合作伙伴利用语义技术共同开发语义应用工具用于支持信息检索最佳实践，如用于优化学术信息门户访问等。

③ 搭建虚拟研究环境：Goportis积极致力于为研究人员搭建集成的工作、交流、出版环境，开发协作、共享、交流的数字平台。

④ 多媒体检索：Goportis开发发现和访问各种类型科学信息的方法，如将文本文档、科学电影、3D模型或计算机动画等资源集成到信息门户中提供检索和利用。

⑤ 科学2.0：科学2.0跟踪调查互联网是如何改变当前的研究和出版流程的，并基于调查结果在交流、协作、参与和开放四个方面开展创新服务。

2.2.3 资源与服务

2.2.3.1 生命科学资源搜索门户

ZB MED于2015年11月发布了全新的生命科学资源搜索门户“LIVIVO”，将此前的单一资源门户“MEDPILOT”（医学）和“GREENPILOT”（保健科学）进行了整合并对用户界面进行了更友好的设计，用户可利用该门户检索电子图书、电子期刊、数据库等。

2.2.3.2 特藏和捐赠资源

（1）特定学科资源

ZB MED除主要收藏医学、保健科学、营养、农业、环境科学五大领域相关的资源外，还收藏了物理人类学、蜜蜂科学等特定主题相关的资源。

（2）闭架馆藏（Closed Collection）

ZB MED收藏了许多极具学术价值、史料价值、档案价值的珍贵资源，如瑞士联邦理工学院学位论文（自1910年起）、科隆综合医学协会图书馆的全部馆藏、前莱茵农商会历史资料、普鲁士地质研究所发布的特殊地质图和报告（1873—1939）、德国社会政策协会的全部出版物（1873—1936）等。

（3）捐赠资源

ZB MED获得了来自医学、农学等领域的专家学者赠送的资料，包括与专家学者相关的专著、传记、笔记及专家本人的所有藏书资料。

2.2.3.3 基本服务

（1）国内与国际馆际互借与文献传递

馆际互借与文献传递是资源共享、互通有无的一种有效方式，ZB MED提供国内和国际的馆际互借与文献传递服务。

用户向ZB MED请求获得非ZB MED馆藏资源的国内馆际互借与文献传递时，每提交一次请求需付费1.5欧元，响应时间为2～6周；用户向ZB MED请求获得非ZE MED馆藏资源的国际馆际互借与文献传递时，每提交一次请求需付费9欧元，另加1.5欧元保存费，或者费用根据具体传递服务而确定。用户向ZB MED请求获得ZB MED馆藏资源的国内馆际互借与文献传递时，每个请求单独计费，欧洲范围内的用户可利用IFLA代金券或每个请求支付8欧元，欧洲范围以外的用户利用IFLA代金券或每个请求支付16欧元[23]。

ZB MED通过合作共享的方式保障其国际范围内馆际互借与文献传递服务的资源来源。一方面，ZB MED可通过复制美国国立医学图书馆（National Library of Medicine，NLM)）资源的方式提供较难获取的资源（该项仅针对德国范围内的图书馆）。另一方面，ZB MED是国际农业图书馆网络AGLINET的成员之一，负责营养、农业与环境科学领域的资源保障，通过联盟、协作、共享、互助的方式获取本国没有的文献资源[24]。

（2）信息素养服务

ZB MED认为，对于研究人员和学生而言信息素养是使其能够有针对性地、高效而科学地展开工作所需的知识、技能和能力的重要内容，为此通过咨询会议、培训课程、示例教程等方式提供信息素养服务。ZB MED曾于2013年针对生命科学领域的信息专家进行调查，结果证明绝大多数受访者表示希望获得提供信息素养服务所需的支持[25]。

2.2.3.4 开放获取与数字出版

ZB MED提供的开放获取与数字出版方面的服务如下。

（1）开放存取出版平台PUBLISSO

PUBLISSO[26]是ZE MED建设的生命科学开放获取出版平台，旨在为生命科学领域的研究人员提供开放出版其研究成果的免费平台，包括期刊论文、图书、会议论文、研究数据、视频、知识库等出版（物）形式，并提供与PUBLISSO相关的咨询与研讨。

（2）出版咨询服务

ZE MED提供生命科学领域任何与开放获取和数字出版相关问题的咨询与帮助，咨询形式主要有两种：一是列出并持续更新常见问题与解答（FQAs）；二是为生命科学领域的研究人员、科学传播人员、大学院系、研究生院、专业图书馆等个人或机构提供主题研讨[27]。

（3）存储库与机构库

在开放获取原则下，ZB MED还建设了生命科学知识库（Life Sciences Repository）和机构知识库（Institutional Repository of ZB MED）用于医学、保健、营养、农业、环境科学领域出版物的免费出版、存储和利用。其中，在保障版权及相关权利的前提下，生命科学知识库确保其所存储资源的永久访问性、最大程度的可见性、利用DOI实现文档的永久可引用并保障数据格式转换中的数据安全性[28]；ZB MED机构知识库主要用于相关领域电子版博士论文及博士后文章的保存、发现和利用[29]。

2.2.3.5 研究数据服务

根据德国研究基金的阐述，研究数据可被定义为来源于研究项目过程的且能够以数字或电子形式存储的数据，数据的产生需要一定的时间、精力和资金成本，数据既是科学出版物的基础资料，也能进行独立出版。ZB MED为管理与出版研究数据提供多种途径和多种服务[30]。

（1）研讨服务

ZB MED围绕科学数据提供国内外同行研讨交流的平台，如nestor/DINI（注：一种数据知识库可信赖标准）研究数据工作组于2017年3月在汉诺威举办“永久标识”的主题研讨会议；2016年9月举办主题为“研究数据与研究数据管理：图书馆的角色”的研讨；2015年9月德国医学信息学、生物与流行病学会（German Association for Medical Informatics Biometry and Epidemiology，GMDS）举办“研究数据管理”研讨会议。

（2）研究数据DOI服务

DOI、URN、OpenURL、Handles是目前最为知名的数字对象标识，而生命科学领域尤以DOI接受和应用最为广泛。ZB MED是DataCite联盟的成员之一，具有DOI注册服务功能，负责为医学、保健、营养、环境及农业科学领域出版的研究数据分配DOI，常与TIB合作提供DOI服务（TIB是DOI注册代理机构）；通过提供DOI服务，ZB MED能够促进医学、保健、营养、环境、农业科学领域非营利出版物的网络传播与出版。

ZB MED只进行生命科学领域的研究数据DOI服务，包括测量数据、观察数据、统计数据、图片数据、视频、音频数据、序列数据等数据类别。当然，除研究数据外，DataCite还能够为图书章节、期刊文章、研究海报、网络学术内容、会议出版物、海报等文本型出版物提供DOI服务[31]。

（3）**数据出版服务**

① 作为辅助资料的数据出版形式　研究人员在期刊《德国医学科学》（*German Medical Science*，GMS）发表文章时，ZB MED在数据知识库Dryad中存储和出版文章对应的研究数据并建立两者之间的链接，且承担研究数据出版的成本费用。

② 独立数据出版形式　ZB MED提供两种独立数据出版的方式：一是专家库，研究人员可将各种格式的数据单独或连同文章一起在专家库中存储和出版；二是特定学科数据知识库，在农业、生物、环境、医药学、神经科学、营养学等特定学科数据知识库中存储和出版对应的研究数据。

2.2.4 研究与发展

2.2.4.1 合作网络

ZB MED在开放获取、研究数据、数字出版领域开展了广泛的合作并在政府科技政策方面开展交流与合作，其中开放获取领域的合作机构或项目包括德国科学机构联盟（the German Alliance of Scientific Organizations）、莱布尼兹研究联盟科学2.0、莱布尼兹社会科学研究所、开放获取网站（Open-Access.net）等；研究数据领域的合作伙伴包括数据知识库Dryad和DataCite；生命科学出版领域的合作伙伴包括Bonn.realis、AWMF和DIMDI；政府科技政策领域的合作包括科学欧洲（Science Europe）、莱布尼兹协会开放获取工作组、莱布尼兹协会研究数据工作组、nestor/DINI（一种数据知识库审计与认证标准）等[32]。

2.2.4.2 研究及研究项目

ZB MED的研究工作有明确的分工、清晰的目标和重要的意义，主要体现在：第一，应用研究工作组通过整合现有知识资源促进跨学科研究，通过开放获取、开放出版的方式使生命科学领域的知识内容更容易发现和获取，跨越传统学科的边界，帮助生命科学领域的研究更好地应对数字革命带来的影响；第二，语义检索研究组借助自动化手段实现文本和数据挖掘、语义注释和语义搜索，便于研究人员进行假设和验证，并根据研究成果向其他业务提供咨询服务；第三，语义检索研究组开发基于生命科学本体的文本注释原型方法，应用于知识资源的开发利用和知识环境的可持续发展[33]，围绕这些研究内容和目标，ZB MED已经完成或正在进行多个研究项目。

2.2.4.3 产品与创新管理

ZE MED深知与新技术的发展步伐及目标用户的需求保持与时俱进的重要性，因此需要不断调研研究以改进现有产品并开发新的产品以满足用户需求和自我发展。ZB MED在产品和创新管理实践中形成了具有可持续的生命周期模型，确保产品构思、设计、分析、迭代、应用等过程的顺利进行[34]。

参考文献

[1] German National Library of Science and Technology[EB/OL].[2017-07-25]. https://www.tib.eu/en/.

[2] TIB Strategy 2015-2017[EB/OL].[2017-07-25]. https://www.tib.eu/fileadmin/Daten/dokumente/die-tib/TIB_Strategiebroschuere.pdf.

[3] German National Library of Science and Technology. Focus of TIB's collection[EB/OL]. [2017-08-30].https://www.tib.eu/en/search-discover/focus-of-collections/.

[4] https://www.tib.eu/en/publishing-archiving/doi-service/doi-registration/.

[5] German National Library of Science and Technology. DOI registration[EB/OL].[2017-08-30]. https://www.tib.eu/en/publishing-archiving/doi-service/doi-registration/.

[6] German National Library of Science and Technology. Publishing research data[EB/OL]. [2017-08-30].https://www.tib.eu/en/publishing-archiving/research-data/publishing-research-data/.

[7] RADAR[EB/OL].[2017-08-30].https://www.radar-service.eu/en.

[8] German National Library of Science and Technology. Publishing research data[EB/OL]. [2017-08-30].https://www.tib.eu/en/publishing-archiving/research-data/research-data-management/.

[9] German National Library of Science and Technology. Publishing research data[EB/OL]. [2017-08-30].https://www.tib.eu/en/publishing-archiving/open-access/financing-open-access/.

[10] German National Library of Science and Technology. Repository-LeibnizOpen [EB/OL]. [2017-08-30].https://www.tib.eu/en/publishing-archiving/open-access/repositories/leibnizopen/.

[11] German National Library of Science and Technology. Open Access-Leibniz Universität Hannover institutional repository[EB/OL].[2017-08-30]. https://www.tib.eu/en/publishing-archiving/open-access/repositories/leibniz-universitaet-hannover-repository/.

[12] German National Library of Science and Technology. Digital preservation[EB/OL].[2017-08-30]. https://www.tib.eu/en/publishing-archiving/digital-preservation/.

[13] German National Library of Science and Technology. Research & development[EB/OL].[2017-08-30]. https://www.tib.eu/en/research-development/.

[14] German National Library of Science and Technology. Visual Analytics[EB/OL].[2017-08-31]. https://www.tib.eu/en/research-development/visual-analytics/.

[15] German National Library of Science and Technology. Data Science[EB/OL].[2017-08-31]. https://www.tib.eu/en/research-development/data-science/.

[16] German National Library of Science and Technology. Non-textual material[EB/OL]. [2017-08-31].https://www.tib.eu/en/research-development/non-textual-materials/.

[17] German National Library of Science and Technology. Open Science[EB/OL].[2017-08-31].

https://www.tib.eu/en/research-development/open-science/.

[18] The German National Library of Medicine[EB/OL]/[2017-07-26].https://www.zbmed.de/en/.

[19] Wikipedia. German National Library of Medicine[EB/OL].[2017-09-01]. https://en.wikipedia.org/wiki/German_National_Library_of_Medicine.

[20] LIBER Member List[EB/OL].[2017-10-30]. http://libereurope.eu/userlist/member-info/?pdb=1535.

[21] LIBER Strategy 2018-2022[EB/OL].[2017-11-30]. http://libereurope.eu/wp-content/uploads/2017/11/LIBER-Strategy-2018-2022.pdf.

[22] Leibniz Association. Goportis - Library Network[EB/OL].[2017-09-05]. https://www.leibniz-gemeinschaft.de/en/infrastructures/bibliotheken/national-libraries/goportis-library-network/.

[23] The German National Library of Medicine. ZB MED’ s delivery services[EB/OL]. [2017-09-01]. https://www.zbmed.de/en/library/zb-meds-delivery-services/inter-library-loans/.

[24] The German National Library of Medicine. Inter-library loan service for libraries[EB/OL].[2017-09-01].https://www.zbmed.de/en/library/for-libraries/inter-library-loan-service-for-libraries/.

[25] The German National Library of Medicine. Information Literacy[EB/OL]/[2017-09-01]. https://www.zbmed.de/en/library/for-libraries/information-literacy/.

[26] PUBLISSO[EB/OL].[2017-09-01].https://www.publisso.de/en/.

[27] The German National Library of Medicine. Open access advice[EB/OL].[2017-09-01]. https://www.publisso.de/en/advice/.

[28] The German National Library of Medicine. Life Sciences Repository[EB/OL].[2017-09-04]. https://www.publisso.de/en/publishing/repositories/life-sciences-repository/.

[29] The German National Library of Medicine. Institutional repository of ZB MED [EB/OL].[2017-09-04].https://www.zbmed.de/en/publishing/publishing/institutional-repository-of-zb-med/.

[30] ZB MED. Publishing research data[EB/OL].[2017-07-27]. https://www.publisso.de/en/publishing/publishing-research-data/.

[31] The German National Library of Medicine. DOI service[EB/OL].[2017-09-04]. https://www.publisso.de/en/working-for-you/doi-service/.

[32] The German National Library of Medicine. Networking and policy shaping[EB/OL].[2017-09-04].https://www.publisso.de/en/working-for-you/networking-and-policy-shaping/.

[33] The German National Library of Medicine. Research at ZB MED[EB/OL].[2017-09-04]. https://www.zbmed.de/en/research-development/research-at-zb-med/.

[34] The German National Library of Medicine. Product and Innovation Management at ZB MED [EB/OL].[2017-09-04].https://www.zbmed.de/en/research-development/product-and-innovation-management-at-zb-med/.

3 美国专业图书馆

3.1 美国国立医学图书馆

3.1.1 机构概况

美国国立医学图书馆（National Library of Medicine，NLM）[1]位于美国国立卫生研究院（National Institute of Health，NIH）内，隶属于美国卫生与公共服务部，是世界上最大的医学图书馆。自1836年成立以来便一直承担着信息创新中心的职责与角色，现组织协调着拥有6000家成员单位的全国医学图书馆网络（National Network of Libraries of Medicine），促进美国各地社区健康信息的获取与利用[2]。

3.1.2 战略实施与战略方向

2016年，NLM的十年长期规划接近尾声，并于2017年实施新的战略方向，最大限度发挥作为国家甚至世界的医学图书馆在促进医学信息获取、医学信息利用、医学研究以及提高公众健康素养方面的作用。

3.1.2.1 战略实施（2006—2016）

NLM于2006年9月发布“2006—2016年的长期战略规划”[3]，十年过去，该战略实施也已经告一段落，当初拟订的发展目标、发展建议至今仍具有重要的参考价值。

（1）目标一

目标一：无缝地、不间断地获取日益增长的生物医学数据、医学知识和健康信息等资源。为实现这一目标，NLM建议采取的行动措施包括：① 保证资源和服务的长期可获取，确保NLM当前和今后的资源有充足的空间和储存条件；② 以高度可用的形式存储NLM资源，有助于美国和世界范围内生物医学信息的长期保存；③ 为促进科学发现，构建NLM电子信息服务，并通过人机系统实现快速检索权限信息；④ 对互动式出版物进行评估，作为加强学习、理解和共享研究成果的方式；⑤ 当灾难发生时，确保能够不间断地获取卫生信息，且能高效地利用图书馆和图书馆员的服务；⑥ 在NLM建立灾备信息管理研究中心，为灾难修复提供强有力的保障，提供一个图书馆和图书馆员参与解决国家问题的平台。

（2）目标二

目标二：提供可信赖的信息服务，促进健康文化交流，减小全球范围内的健康差距。建议的行动计划主要包括：

① NLM和美国国家医学图书馆网络提出新的推广计划，努力减少少数民族人口的健康差距，共享经验教训；

② 在发展中国家有选择地推广一些针对性的工作，如提高电子资源的获取、巩固完善本地高质量的期刊出版物、发展训练有素的图书馆员队伍和IT工作团队；

③ 通过展览和其他公共项目宣传图书馆服务；

④ 测试并评估掌上电脑、智能代理、网络技术等数字化基础设施的改进，促进普及的健康信息在任何地方都能获取；

⑤ 支持认知和文化模式的应用研究，以促进信息传递，并开发新的方法来评估病理护理和健康成果的影响。

（3）目标三

目标三：整合生物医学、临床以及公共卫生信息系统促进科学发现，加速从研究到实践的转化。建议的行动计划主要包括：

① 开发互链接数据库，发现临床数据、基因信息和环境之间的关系；

② 促进下一代电子健康记录，方便以病患为中心的护理、临床研究和公共卫生；

③ 促进开发和利用连同电子健康记录一起的生物医学知识先进电子化呈现方式。

（4）目标四

目标四：建设实力强大、多元化的工作团队，为生物医学信息的研究以及系统开发、提供创新性的服务等提供人力资源保障。建议的行动计划主要包括：

① 通过提高生物医学信息学和图书馆学在中小学生和大学生群体中的知名度，发展一支不断扩大的、多样化的工作团队；

② 提供培训项目，使图书馆员适应特殊信息服务的新需求；

③ 在生物医学信息学中继续进行正式的、多学科的教育，为信息科学研究储备力量。

3.1.2.2 战略方向（2017）

如前所述，在上一个十年规划周期完成之际，NLM又为 2017年度及以后的战略规划[4]确定了四大主题方向和角色定位，并将其列为未来的优先发展事项和发展方向。

（1）在推动数据科学、开放科学、生物信息学发展中的角色

NLM是数据科学、信息科学、生物医学信息学、健康科学领域内图书馆业务研究、开发、培训和人员培养的领导机构和主要资助人，并在此基础上推动开放科学发展。为使图书馆在未来发展中不断取得成功，应该积极关注数据监管、知识表达、分析技术、语义学、通讯基础设施的发展，并重视健康方面数据的新分类。

（2）在推动生物医学知识发现与转化过程中的角色

NLM作为辐射全球的资源库，支持健康领域的科学发展，推动知识向实践的有效转化。众多集成检索和分析工具有利于对生物医学文献、基因组信息以及其他科学和临床数据等各类数据库的利用。像ClinicalTrials.gov这类资源网站通过研究设计和结果的出版加速临床研究的增长，提升科学研究的完整性。研究人员对新类型数据资源的获取，如电子健康记录，是对非传统科学发现的支持。未来十年，好奇心驱动的科学和转化科学都将继续快速发展。

（3）在支持公众健康方面的角色：临床系统、公共卫生系统和服务、个人健康

为促进健康、减少疾病负担而提供医学信息是图书馆的使命之一。为响应价值、安全和效率的需求，医疗机构正经历着巨大的变化，为了促进健康数据标准的传播，图书馆在推动临床应用系统互操作、电子健康记录的积极应用方面产生了积极的影响。诸如行为和生活方式特征、环境暴露状况以及生物免疫状态标记等因素变得越来越重要。新技术、新认识正在逐步提高大众健康水平和逐步实现疾病预防的目标。在人类健康和疾病的所有学科中，知识的复杂性越来越大，这就要求有新的且行之有效的决策支持模型。

（4）在加强资源建设以支持21世纪知识发现和生命健康中的角色

图书馆收藏的已出版生物医学文献的数量在世界范围是最多的，其中许多文献在国际上都是独有的。图书馆的馆藏范围已经远远超出了传统的物理或电子格式出版物，甚至已经囊括了未出版的手稿、图片、视频、音频资料、网页，特别是含有种类丰富、数量庞大的数字化数据的各类数据库。随着对一些问题思考的加深，如图书馆应该采集哪些数据信息，采集、存档、传播人类健康和疾病相关数据、信息和知识应该使用什么方法，学术出版和科学发现的本质在持续演变。

3.1.2.3　面向未来的其他发展方向

（1）标准

长期以来，NLM致力于数据标准的开发和宣传，以促进信息系统的互操作，提高研究和临床发现的可比性。每次战略规划都需要考虑NLM在技术标准开发和使用中可以发挥的积极作用。

（2）合作

图书馆从众多组织关系中获益，同时也在其中积极贡献自己的力量。这些组织致力于信息资源获取和利用方法的开发、管理和维护。组织成员主要包括出版商，联邦、州、地方政府医疗机构，专业协会，其他图书馆，教育机构，社区组织，以及其他公共或私人实体。每次战略规划都需要重新评估每个组织在其领域内能够给NLM带来的资助和推动。

（3）用户社区

图书馆一直面临各类问题，包括地理的、社会经济的、文化教育的（从小学教育到各种高等教育）。数字时代造就了生活方式的多样性，并已经对当前以及未来图书馆资源产生影

响，图书馆需要适应长期存在的数字鸿沟问题，满足高级数据专家的需求，满足长期服务不足却又不断变化的生活方式的信息需求，满足“千禧一代”“X一代”“Y一代”“婴儿潮一代”在家养老的老人以及其他人的信息技术需求。每个计划都需要把特定领域内用户的多样化需求纳入考虑。

（4）用户参与和宣传教育

创造高质量信息资源是必要的，但是不能确保这些资源被其目标用户充分使用，更不用说帮助他们获得理想的收益。研究规划小组需要加强对图书馆现有资源及新建资源相关的用户参与、宣传教育和培训的讨论。

（5）国际参与

美国国立医学图书馆不仅仅是美国的图书馆，它已经成为所有国家获取健康科学有关信息资源的基本来源。每个规划小组需要将每个主题领域的国际因素纳入考虑，并且抓住一切能够让NLM加入国际组织的机会，以提高信息资源的创造，加强健康科学知识信息在全球范围内的宣传与普及。

（6）健康差异

疾病负担和亚健康影响方面的差异是公共卫生一直面临甚至在某些情况下不断加重的挑战。寿命长短、生活质量、受教育程度、健康意识、健康素养等方面的差异是每个规划组制定规划的一个重要考虑因素。每个规划组需要考虑一切能够加强对健康差异的研究和改善这方面的因素。

（7）基础设施

① 计算机运作：为日益增多的数字图书馆提供足够的计算资源，将是基础设施规划和每个主题领域建议的一个组成部分。

② 机械设备：在各自任务领域和纲领性要求之下，医学图书馆里老化和空间受限的设施更换升级需要纳入考虑。

（8）研究需求和资助

医学图书馆既有馆内的也有馆外的研究项目，这些项目的范围将是规划小组需要考虑的主题。

（9）员工发展

除了作为生物医学信息学学术研究培训的主要提供机构，NLM通过医学图书馆国家联盟和其他专业协会也为馆内员工、生物医学馆员、健康专业学生、临床医生、研究员提供各类教育和培训机会。所有这些人的需求都需要在员工发展建议中考虑实现。

3.1.3 资源与服务

NLM馆藏资源丰富，纸本和电子资源类型齐全，涵盖图书、期刊、手稿、图片、多媒体等，同时作为医学图书馆NLM还广泛采集了基因组数据、化学数据、毒理学数据、环境数据、临床试验数据、健康数据标准、药品信息、用户健康信息等各类数据信息和相关软件。

3.1.3.1 基础服务

美国国立医学图书馆拥有丰富的书籍、期刊、多媒体资料资源，提供浏览、检索、文献传递、参考咨询等专业图书馆基础服务。NLM主要基础服务如下。

（1）检索服务

NLM提供PubMed/MEDLINE（生物、医学领域）、MeSH（医学主题词表）、UMLS（统一医学语言系统）、ClinicalTrials.gov、MedlinePlus、TOXNET、Images from the History of Medicine（图片资源检索）、Digital Collections、LocatorPlus、NLM Products and Services共10个检索入口，对应不同特点、不同来源、不同类型的资源。

（2）参考咨询服务

NLM有专门的参考咨询馆员，以满足美国卫生专业人员、医学科学家以及公众的生物医学信息需求，如帮助读者使用图书馆的各类产品和服务，为美国其他图书馆馆员提供咨询建议，为卫生专业人员和公众提供其他图书馆、组织和电子资源的链接等。

（3）馆际互借和文献传递服务

NLM馆际互借和文献传递服务以馆藏资源保障全美和国际各个图书馆使用为目的，并作为NLM收集、保存和传播的生物医学信息使命的一部分。NLM每年需处理近15万条借阅请求，平均每天超过700条，请求覆盖文章、图书、音像资料、缩微资料等。

（4）馆藏发展与获得

制定NLM馆藏政策与指南，编制馆藏发展手册。馆藏的分类及选择主要依据：①医学领域资源的细分学科方向（大约100个）；②资源格式与文献类型，如学位论文、校友与学生出版物、年度报告等（52种）。

（5）保存与馆藏管理

NLM专门设立馆藏管理与保存项目，并与全国医学图书馆网络协同进行资源保存与长期利用。

3.1.3.2 多元信息产品和服务

NLM结合自身资源开发了一系列关于资源利用及最新研究成果相关的应用产品或服务，见表3-1。

表3-1 NLM多元信息产品与服务[5]

名称	功能	形式
AIDSinfo Drug Database	该APP专门用于检索获取数据库AIDSinfo Drug Database的资源，有两个版本，一个面向公众服务（包含英语和西班牙语两种语言），一个面向医学专业人员	APP

（续表）

名称	功能	形式
AIDSinfo Guidelines	一是提供经联邦政府批准的预防艾滋病医疗实践指南；二是推荐经专家小组批准的治疗成人、青少年、儿童艾滋病病毒感染的治疗建议等	APP
AIDSinfo HIV/ AIDS Glossary	提供英语和西班牙语两个版本的100多种HIV（人类免疫缺陷病毒）相关的获批准的经过调查研究的药物信息	APP
Drug Information Portal Mobile	提供超过31000种药物的名称、用法以及组成成分等信息，在移动终端即可进行检索获取	网站
Embryo	提供人类胚胎发育的可视化探索	APP
LactMed	提供关于母婴的各类信息，包括母婴药物水平、哺乳期和母乳喂养对婴儿可能产生的影响，以及可替代药物种类	APP
NLM Native Voices	提供NLM母语配音展览的视频	APP
PubMed® for Handhelds	网站和APP均提供多种关于PubMed/MEDLINE的搜索使用方法	APP、网站
Radiation Emergency Medical Management (REMM)	可下载应用程序，为放射治疗和核事故中放射损伤的诊断和治疗提供医疗指导	APP
Reunite	用于医疗救助和救援人员的应用程序，指导他们帮助受灾家庭的团聚力建设	APP
Tox-App	帮助用户搜索美国EPA有毒物质排放清单	APP
TOXNET Mobile	集成了查询毒理学、危险化学品、环境卫生相关领域数据库，而且界面优化、操作简单	网站
Turning the Pages Mobile	查询伊斯兰中世纪、19世纪日本、文艺复兴时期欧洲等不同地区和时代的历史医学文本	APP
Water Emergency Response for Libraries	指导图书馆发生水患后恢复馆藏的步骤和措施	APP
Wireless System for Emergency Responders (WISER)	协助应急人员处理危险物资事故	APP

表3-1一共列举了15个NLM开发的信息产品，图书馆能够独立开发这么多专业信息产品，提供如此丰富的信息服务，一方面彰显了NLM丰富的资源储备，另一方面反映了NLM作为信息服务开发者与提供者的深厚专业素养，15个信息产品既有网站也有APP，切合了互联网时代移动互联网迅速发展、智能手机普及的社会发展趋势，也对接了读者用户不断扩大

的新需求。15个信息产品既有服务专业医学研究人员的文献引文服务，也有能够满足一般公民药物信息查找、医疗保健需求的服务。既有一般性的卫生健康信息提供，也有专门的母乳喂养、艾滋病相关信息。这些都充分体系了NLM信息产品开发和提供的多元化、多样化，更是其服务理念开放化的反映。

3.1.3.3 健康素养与教育培训服务

在2006—2016年的长期规划中，NLM把“培养强大的、多元化的员工队伍，为生物医学信息的研究，以及系统开发、提供创新性的服务等提供人力资源保障”作为未来10年的四大发展目标之一，并有针对性地开展相关的教育和培训课程。同时，NLM特别注重公众健康科学素养的提升以及对公众的教育和培训，并且已经将其发展成为NLM的一项常规服务——既有关于NLM数据库及其产品使用的培训，同时还包括针对特色人群的特色培训服务以及致力于公众素养提升的医学历史教育和健康科学教育课程，见表3-2。

表3-2 NLM各类培训课程[6]

类别	名称	培训内容	面向对象
针对职业发展的教育培训	图书馆员联合奖学金计划	为期1～2年的培训奖学金计划，以强化工作人员的健康科学信息服务基础、培养未来健康服务领域领跑者为目标	图书馆员
	受资助的生物医学信息学学术培训	提供正式的活动和个人奖学金以协助医学信息学的学位获取	图书馆员
	医学信息学培训计划	为处于不同职业生涯阶段的图书馆员提供在李斯特山国家生物医学通讯中心参与医学信息学和临床信息学培训和研究的机会	图书馆员
	NLM/AAHSL领导力培训计划	面向职业生涯中期的图书馆员提供的成为健康科学研究图书馆领导者的培训	图书馆员
针对NLM产品和信息服务的宣传和培训	NNLM培训中心	为图书馆员提供的NLM各类产品和服务的使用操作相关培训	图书馆员
	远程网络培训	提供关于NLM产品和服务的动画、视频以及其他在线培训资料	所有人
	国家生物技术信息中心的教育和培训	了解如何使用基因组学、分子生物学以及有关文献的工具和资源	所有人
	关于卫生服务研究的外展服务和培训活动	重点关注国家卫生服务研究会议、公共卫生相关组织的培训课程	所有人
	针对特殊人群的外展培训	为艾滋病患者、美国传统黑人院校、少数民族等特殊群体提供培训	特定群体
	医学教育资源历史培训	关于医学、公共卫生、生物医学科学、护理学等相关领域历史的课程和互动教育	所有人

（续表）

类别	名称	培训内容	面向对象
	K-12科学与健康教育	与教师和科研专家合作，提供免费的可靠的资源，以帮助完善教育计划	所有人
其他	公共活动和学术研讨讲座	免费学术讲座和展览活动	所有人

3.1.3.4 灾害应急信息服务[7]

除了向专业人员提供医学卫生信息服务外，NLM特别注重开展面向公众的健康信息服务，积极主动参与各类突发灾害事件的应急援助服务，并开发了一系列应急服务工具和先进的信息服务产品，在灾害的应急管理和应对中取得了很好的效果，也为图书馆参与公共事件的应急管理争得了更有利的话语权。NLM为开展好灾害应急信息服务进行了如下几个方面的工作。

（1）成立灾害应急管理研究中心

成立专门的机构——灾害应急管理研究中心（Disaster Information Management Research Center，DIMRC），负责收集、发布和共享与防灾、救援、灾后重建相关的高质量的健康信息资源和技术，搭建人与高质量灾后健康信息之间的桥梁，培育社区性文化。

（2）开发多元化的应急服务产品

通过收集来自应急救援队的各种数据，开发相关数据库，NLM已经推出了多种灾害应急响应应用工具（见表3-3），取得了很好的应用效果，像WISER（应急救援无线通信系统）、CHEMM（危险化学品应急管理系统）、REMM（辐射事件医疗管理系统）已经成为NLM提供应急信息服务工具中的明星产品，并长期在DIMRC的主页上设置提醒目的链接。

表3-3 NLM所提供的应急服务产品

名称	用途	服务形式
WISER	以NLM的有害物质数据库HSDB（含有5000多种化学品信息）作支撑，无需联网和应答就可以实现对未知危险化学物质的识别，帮助应急人员进行决策	APP
CHEMM	可以帮助在危险品事故中识别获取泄漏物的名称特点，并提供应对措施、如何防护等信息	APP
REMM	为医护人员提供核辐射相关的诊断和治疗指南	APP
ERG2012	提供关于危险品运输事故关键30分钟内处理的快速应急指南	APP
TOXNET	易于使用的移动优化的Web界面，涵盖了毒理学、危险化学品、环境卫生等相关领域的信息	网站
ReUnite	具有在灾后上传失踪信息的功能，能够帮助家人实现团聚，为图书馆当地的人提供结构化的信息服务	APP、网站
Health Hotlines	免费查询卫生机构目录	APP

（续表）

名称	用途	服务形式
Library Floods	提供图书馆在遭受水灾后的馆藏恢复指导	APP
MedlinePlus	提供面向消费者的关于灾害主题的卫生健康信息	网站

（3）开展“紧急获取行动”服务

开展“紧急获取行动”（Emergence Access Initiative，EAI）服务，为了更好地促进受灾害地区图书馆服务的开展，以及方便应急人员的信息获取，NLM迅速与国家医学图书馆网络（NNLM）、美国出版商协会下属专业与学术出版分会的部分成员机构以及其他出版商建立合作，推出这项服务，为灾害中医疗应急响应团队以及受灾害影响的图书馆提供在线数据库免费全文获取服务。

3.1.3.5 其他服务

（1）编目与元数据管理

① 编目：NLM生物医学资料采用45种语言进行编目，为全美甚至全世界的生物医学图书馆提供书目服务；

② 使用美国国家医学图书馆分类法（NLM Classification）：NLM利用美国国会图书馆分类法而设立针对医学学科的分类法。

（2）数据下载服务

提供NLM数据分发程序用于批量下载大型数据集，数据集包括生物医学领域期刊引用数据、编目记录数据、药物与哺乳数据库等。

（3）其他

① 医学主题词表（MeSH）；

② 为医学领域国际方面的馆员、专业人员、研究人员等提供可能的资源、服务；支持各类培训和职业发展，包括生物医学信息学和数据科学领域的博士前期和博士后研究培训，以及对图书馆员的专业培训。

3.1.4 面临的挑战

一是馆藏数量不断增长与图书馆空间有限的矛盾，尤其是数字化环境下，用户还对图书馆提出了协作、体验等新的空间需求。二是数字资源的激增，尤其是原生数字资源的增长，图书馆不仅承担着将印本资料作为历史记录和文化遗产而加以保存的职责，也承担着数字资源长期保存的功能，而这也成为NLM面临的重要挑战之一。针对馆藏空间及数字保存问题，NLM制定了馆藏资料数字化策略和数字化工作管理计划，通过一套程序来评估和选择软件用于NLM数字化馆藏。

3.2 美国国家农业图书馆

3.2.1 机构概况

美国国家农业图书馆（National Agricultural Library，NAL）[8]始建于1862年，前身为美国农业部图书馆。NAL中心馆位于马里兰州贝尔茨维尔农业研究中心的亚伯拉罕·林肯大厦。NAL是世界上最大的农业图书馆，与美国国会图书馆、美国国家医学图书馆、美国国家交通图书馆并称为美国四大国家级图书馆[9]。

NAL是美国乃至全球重要的农业信息资源中心，拥有超过350万册农业及相关学科文献，其中有16万册"特殊"馆藏，包括战乱时期留下的古籍文献、国外引进的历史文献和对美国有特殊意义的文献。

3.2.2 资源与服务

3.2.2.1 基础服务

① 馆藏浏览：将农业学科细分为动物与家禽、食物与营养、自然资源与环境等十个学科方向，便于用户按照学科浏览和检索。

② 馆藏检索：馆藏包括期刊、图书馆、数字馆藏、展览、政府文件、特藏等。

③ 馆际互借与文献传递服务：根据读者对象的不同实施不同的借阅方式，如一般公众就通过当地图书馆进行申请并遵循申请图书馆的借阅规则和流程，图书、协会或者机构代表直接通过OCLC或者DOCLINE两个系统向NAL提出借阅申请即可。

④ 参考咨询服务：用户填写在线表单并提交，馆员解答咨询问题并将其发送至用户预留邮箱。

3.2.2.2 资源分类检索与"一站式"检索系统

NAL对其资源进行分门别类的组织和揭示，并提供"主题""馆藏"和"数据"三种资源浏览与检索入口；同时还提供以上资源的统一检索入口。其中三大检索入口分别如下。

（1）"主题"入口

将农业科学细分为农业法、动物与牲畜、教育与宣传、农场与农业系统、食物与人类营养、入侵物种、营销与贸易、自然资源与环境、植物和作物、研究与技术、农村发展、视觉艺术与农业史共12个主题领域（见图3-1），用户可进入每一个主题领域查看相关的项目、服务、指南、政策文件等[10]。

（2）"馆藏"入口

该入口包括"NAL馆藏目录""数字馆藏""展览""一般馆藏季度回顾""PubAg""特藏""政府文件"共7个子入口[11]，各入口的主要功能见表3-4。

表3-4　NAL七大"馆藏"检索子入口及其主要内容功能

子入口	主要内容功能
馆藏目录（NAL Catalog）	拥有超过520万条资源记录，其中最早可追溯到15世纪。该子入口主要提供索引服务，对NAL馆藏农业相关书籍、期刊、政府文件、音像和其他材料等进行索引，对部分资料提供全文链接
数字馆藏（Digital Collections）	提供NAL全部数字化馆藏资源的浏览、检索和获取
展览（Exhibits）	以NAL馆藏数字资源为基础，选取具有特色的主题领域进行数字化展览
一般馆藏季度回顾（NAL General Collection Quarterly Review）	每个季度甄选部分具有代表性的NAL数字化馆藏，展示美国农业部在农民、一般公众及更广泛的农业界中所扮演的角色
PubAg	是一个新的文献检索与全文获取门户，该门户主要收录了1997—2014年美国及农业部及其他研究人员发表的40000多篇科学研究文章，门户资源定期更新。
特藏（Special Collections）	提供16世纪至今的珍贵书籍、手稿、苗圃和种子交易目录、照片和海报等资料
政府文件（Government Documents）	说明如何在NAL图书馆找到政府文件，展示NAL馆藏政府文件内容，提供多种获取政府文件的途径

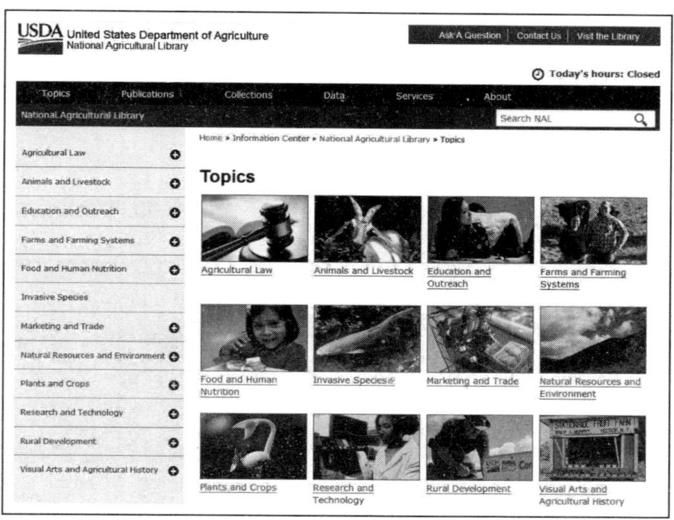

图3-1　NAL"主题"检索入口

（3）“数据”入口

该入口包括“农业数据空间”“农业生态系统数据”“NAL数据工作间”、“生命周期评估数字空间”“植物化学&民族植物学数据库”5个数据平台[12]，见表3-5。各数据平台有不同主题和不同特点，便于研究人员迅速而准确地获取并利用数据资源。

表3-5　NAL官网数据集成平台

数据平台	主要内容功能
农业数据空间（Ag Data Commons）	依据学科主题方向（如农业产品、动物&家禽、食物&营养等）将农业数据进行分类组织并提供开放获取，用户可自由地检索、浏览和免费下载利用数据，数据集的格式有xlsx、csv、pdf、html、json、rdf等
农业生态系统数据（Agro-ecosystem Data）	长期农业生态系统研究数据网络，以结构化的方式组织数据并以农业地图的形式进行农业生态数据的可视化呈现
NAL数据工作间（i5k Workspace@NAL）	是为节肢动物基因组项目有关的学术社区开发的包容性工作平台，便于他们获取、可视化、管理和传播数据
生命周期评估数字空间（Life Cycle Assessment Digital Commons）	致力于获取并长期保存LCA数据、工具和其他资源的知识库，以此支持LCA研究人员采集、管理、归档、发表以及保存与农业相关的数据。这个平台的资源主要由政府、工业界和学术界资助开发，NAL是这些数据的一个汇集地
植物化学&民族植物学数据库（Phytochem & Ethnobotany）	世界领先的民族植物学数据库，为植物学、化学、生物学和民族植物学研究服务，覆盖大量植物数据及其化学概况，并且这些数据经过结构化处理能够直接被浏览和检索

（4）“一站式”资源检索入口

用户可“一站式”地获取NAL站点的所有资源，检索界面见图3-2。

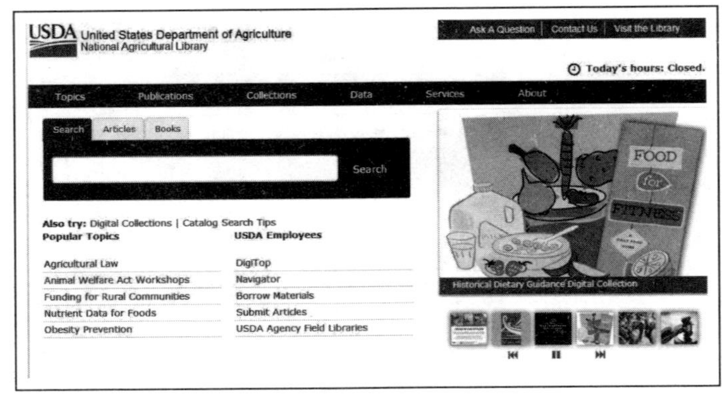

图3-2　NAL“一站式”资源检索界面

3.2.2.3 知识服务与专门信息服务

（1）以科学数据为中心的知识服务

NAL知识服务团队致力于为研究数据提供访问、归档、保存服务及质量控制、数据转化与可视化等增值服务，并提供数据管理所需支撑资源与工具，如“NAL数据管理计划指南”“美国农业部资研究成果公共获取实施计划”“DataONE数据管理入门”“伊利诺伊大学香槟分校生命科学数据管理计划样例”“数据管理计划开源工具DMPTool”等[13]。目前， 农业数据空间、农业生态系统数据、NAL数据工作间、生命周期评估数字空间等都是NAL知识服务的重要项目依托。

（2）专门信息服务

建立先进的农业信息跟踪系统，该系统对位于不同领域和不同区域的食物种植过程进行跟踪调查，以便相关人员利用这个系统便捷地掌握植物的各项指标信息，从而确保相关信息的完整性[14]。

① 开发数字化图书馆集成管理系统——DigiTop[15]，该系统主要为农业部工作人员提供“一站式”网上服务，它依托13个书目数据库向农业部相关人员提供所需专题信息资源，帮助农业部相关人员更方便、及时地了解本领域的世界发展态势。

② 建立农业文献目录数据库系统——Agricola，该库始于1970年，主要是NAL及其合作机构的馆藏目录，兼收政府出版物、会议、专利文献等8000多种与农业相关的文献。

③ 开发农业主题词表：NAL的农业主题词表现已发布为关联开放数据，也是具有英语和西班牙语版本的在线农业词表工具[16]。

④ 下设专门信息中心并与其他农业相关信息中心合作，提供更精准、专门化的农业信息服务，如食品与营养信息中心、水与农业信息中心、动物福利信息中心等[17]。

3.2.2.4 积极开展服务合作

NAL积极参与建设农业机构联盟，与其他图书馆、大学、政府机构协同开展服务。NAL是美国农业网络信息协作组织（Agricultural Network Information Collaborative，简称AgNIC）的联盟成员，该联盟是由51个机构自愿组成的非盈利性学术研究中心。组织的使命是促进和参与全球机构和组织之间的合作，致力于为农业、食品、自然资源信息的确定、提供和保存提供可靠的、免费获取的、经过评估的数字内容和优质服务。

NAL还是美国政府科学在线网站（Science.gov）的联盟管理成员，该网站是获取美国科学信息的门户，它免费提供来自包括NAL在内的13个联邦机构下属科学组织的研发成果和科技信息。通过该门户，用户能够搜索60多个数据库、2200多个网站和2亿多条权威联邦科学信息。

3.3 美国国家标准与技术研究院图书馆

3.3.1 机构概况

美国国家标准与技术研究院（National Institute of Standards and Technology，NIST）[18]隶属于美国商务部，而NIST研究图书馆（NIST Research Library，下文中简称为NIST图书馆）[19]隶属于NIST信息服务办公室（Information Services Office，ISO），负责创建、维护和传播NIST知识库，以满足NIST在科学、工程、技术等领域所需的研究和管理需求。NIST主要通过三个项目提供专业的科学技术研究服务：研究图书馆；数字服务和数字出版（数字化资源和原生数字资源）；NIST博物馆与历史计划。

3.3.2 NIST图书馆资源与服务

NIST研究图书馆现有近9万条的馆藏目录记录，广泛收藏了科学、工程、技术等领域的文献，如NIST技术系列出版物、国家标准参考数据系列及其他购买的印本期刊、图书及电子资源等，以支持NIST社区和实验室的研究需求。NIST图书馆不向公众开放，并且除NIST系列出版物外（如特刊、机构间报告、技术说明等）不外借其他馆藏资料。

3.3.2.1 基础服务

NIST图书馆基于其馆藏资源提供检索、馆际互借与文献传递等基础的服务。用户可按照作者、学科、出版日期等条件选择或排除检索结果，用户还可将检索结果的题录及馆藏信息发送至手机短信，检索界面见图3-3。

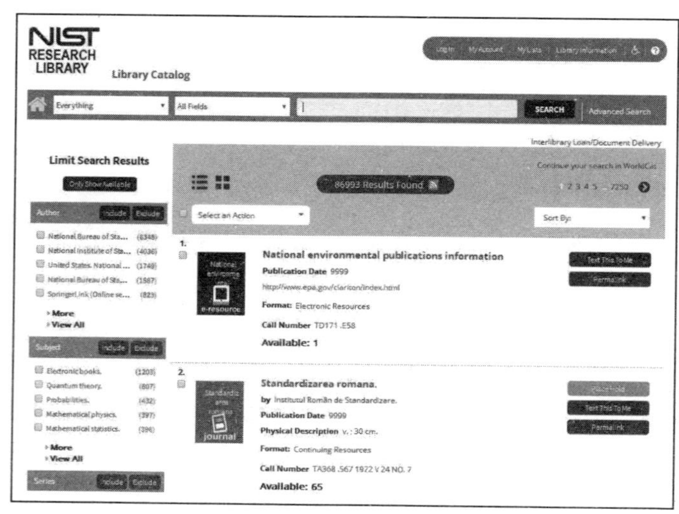

图3-3 NIST研究图书馆馆藏检索界面

3.3.2.2 创新中心

为更好地满足研究人员在数字化学术环境下的新需求，NIST图书馆于2013年设立集成了空间、工具和资源的“创新中心”（Innovation Hub）[20]，用于补充现有实验室可能难以实现的创新实验。创新中心的工具及资源包括3D打印机、3D扫描仪、大幅面打印机、数据可视化墙、360度照相机、AR/VR耳机、计算机程序与软件及二十多台其他技术设备，用户还可进行数字笔记设备、协作工具、基于手机的测量设备、虚拟现实耳机等技术体验，图书馆的消费技术专家（consumer technology experts）为用户体验和使用这些技术工具提供一对一的咨询，其中数据可视化墙、3D打印试验产品见图3-4和图3-5。

图3-4 NIST研究图书馆数据可视化墙

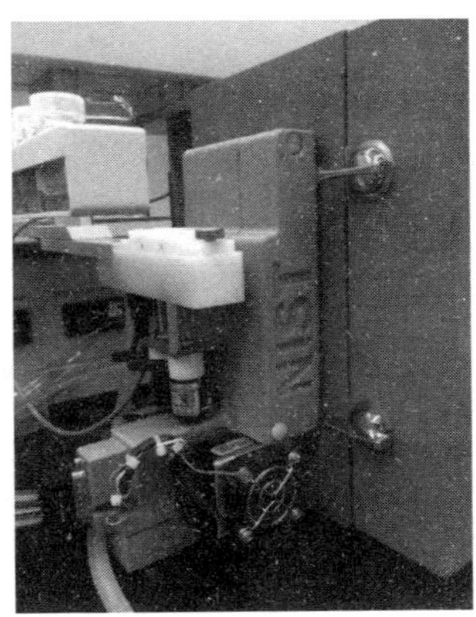

图3-5 NIST研究图书馆3D打印产品

3.3.2.3 学术影响评价服务

NIST图书馆综合利用测量工具和分析方法为NIST的科学研究成果提供影响力评估服务（Impact Metrics）[21]，包括发表在顶级刊物上的文章数量及作者及团队*h*指数统计、NIST研究成果网络分析以及除学术引用以外的影响力评价，还可提供对研究成果的非传统计量（如替代计量）分析服务。

目前，NIST图书馆已经使用Sci2、Gephi、CiteSpace等可视化工具提供了多项统计分析服务，例如2010年完成了第一个“综合引用分析研究报告”，2012年开始出版物合作和顶级刊物发文研究以支持NIST向美国商务部提交年度技术转让报告，2014年在NIST的法医学会议上展示法医学领域出版物引用可视化分析结果，2015年评估NIST“标准参考数据库”项目并与NIST研究人员合作分析高被引论文情况，2016年启动替代计量学（alternative metrics）的试点，其中NIST法医学领域出版物（1978—2016）的作者共现网络见图3-6，某一位NIST研究人员的合作网络见图3-7。

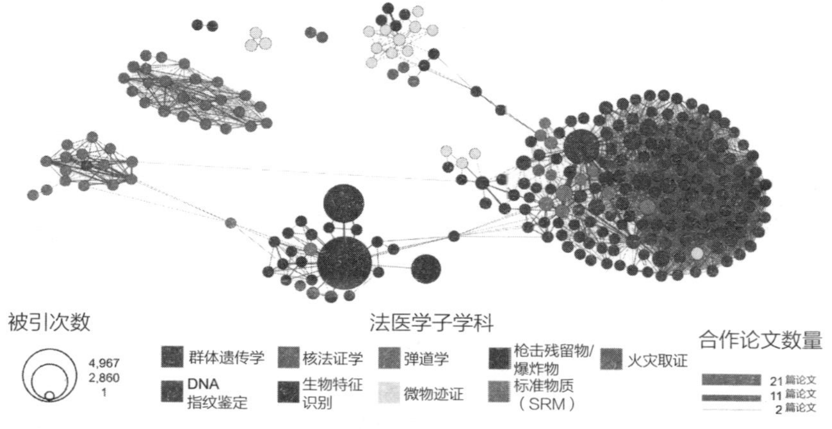

图3-6　NIST法医学领域出版物（1978—2016）的作者共现网络分析

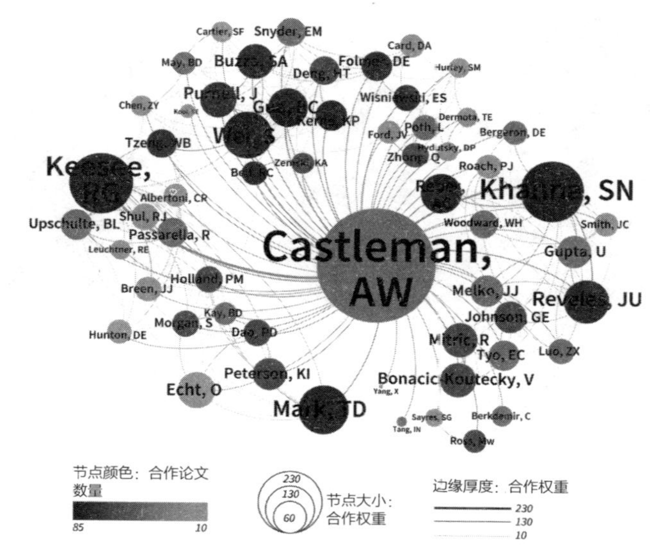

图3-7　NIST研究人员Castleman AW 629篇论文的合作者分析

3.3.2.4　实验室联络项目

1997年，NIST图书馆开始设立“研究顾问项目”（Research Consultant Program）并分配了2名“顾问馆员”（librarian consultants）；2002年，发展成为“实验室联络项目”（Lab Liaison Program）并持续运行至今[22]。目前，NIST图书馆为每个NIST实验室分配一名实验室馆员（Lab Librarians）作为合作研究伙伴，其主要职责是为实验室提供免费的信息服务并满足个性化的信息需求，如协助研究人员启动研究项目、为不同研究成果选择最佳发表途径、展示NIST研究的影响力并提供数据管理方面的帮助。具体而言，NIST实验室馆员能够提供的服务包括但不限于如下方面。

① 针对性的研究支持：利用图书馆印本与电子馆藏资源、重要的网络资源为实验室研究提供资源与服务支持。

② 数据服务：协助研究人员管理、保存研究数据，提供数据发布、数据引用相关咨询并提供NIST公共访问政策信息。

③ 数据可视化：对NIST出版物及其他研究成果相关的数据进行可视化和影响力分析，帮助研究人员制定研究数据可视化的最佳方案。

④ 行业/市场分析：分析市场数据以帮助识别市场增长潜力、寻找合作者等，帮助研究人员了解新兴领域的研究态势。

⑤ 出版物分析：利用包括但不限于引用数量和h指数的文献计量方法和工具评估出版物影响力、最大程度提高NIST的影响力。

⑥ 识别新兴研究领域：使用引文网络分析确定NIST可能对产业和社会产生重要影响的新兴研究领域。

⑦ 历史研究和展陈：对NIST的研究成果及其他成就进行数字化保存和展览。

3.3.2.5 出版服务

NIST图书馆承担着NIST技术系列连续出版物的出版、NIST灰色文献副本收藏和保存的职责，近年来图书馆出版服务重心逐渐从最初的编辑、排版、印刷等转移到对NIST出版物的内容发现、可持续地吸引用户、评估出版物影响力及技术转移等方面[23]。其中，NIST技术系列连续出版物包括同行评议期刊“Journal of Research of NIST”以及92种单独的技术报告，灰色文献则覆盖广泛的格式、主题、篇幅，如NIST内部报告、NIST特刊等。

近五年来，NIST出版服务取得了重要成果，主要包括：① 将印本报告移送至互联网档案机构（Internet Archive）进行高质量的数字化（2012年）；② 开始为NIST技术系列联系出版物分配DOI（2012年）；③ 为NIST合法的灰色文献创建元数据（2013年）并与政府出版署（Government Printing Office）合作保存灰色文献；④ 代表期刊“Journal of Research of NIST”加入生命科学领域全文免费获取的数据库PubMed Central；⑤ 与政府出版署合作并在其官方网站上设置NIST链接（2016）；⑥ 保证元数据和馆藏目录的及时更新以提高NIST图书馆馆藏资源及出版物的可发现性和可利用性。

参考文献

[1] National Library of Medicine[EB/OL].[2017-07-26].https://www.nlm.nih.gov/.

[2] About the National Library of Medicine[EB/OL].[2017-07-26].https://www.nlm.nih.gov/about/index.html.

[3] U.S. National Library of Medicine. Charting the Course for the 21st Century: NLM's Long Range Plan 2006-2016[EB/OL].[2017-08-28].https://www.nlm.nih.gov/pubs/plan/lrpdocs.html.

[4] U.S. National Library of Medicine. NLM Strategic Planning[EB/OL].[2017-08-30].https://www.nlm.nih.gov/pubs/plan/strategic_planning.html.

[5] 美国国立医学图书馆[EB/OL].[2017-08-23].https://www.nlm.nih.gov/mobile/.

[6] 美国国立医学图书馆[EB/OL].[2017-08-23].https://www.nlm.nih.gov/training.html.

[7] 张靖.美国国立医学图书馆灾害应急信息服务与启示[J].图书情报工作, 2016(4):72-77.

[8] National Agricultural Library[EB/OL].[2017-12-18].https://www.nal.usda.gov/.

[9] https://en.wikipedia.org/wiki/United_States_National_Agricultural_Library.（2017-08-28）

[10] National Agricultural Library. Topics[EB/OL].[2017-12-18].https://www.nal.usda.gov/topics.

[11] National Agricultural Library. Collections[EB/OL].[2017-12-18]. https://www.nal.usda.gov/collections.

[12] National Agricultural Library. Data[EB/OL].[2017-12-18].https://data.nal.usda.gov/.

[13] National Agriculture Library. Knowledge services[EB/OL].[2017-12-18].https://www.nal.usda.gov/ks.

[14] 李丽敏.中国国家农业图书馆与美国国家农业图书馆信息服务的比较研究[D].华中师范大学,2014.

[15] National Agriculture Library. DigiTop[EB/OL].[2017-12-18].https://digitop.nal.usda.gov/digitop_interim/proxy_stop403.html.

[16] National Agriculture Library. NAL Thesaurus[EB/OL].[2017-12-18].https://agclass.nal.usda.gov/.

[17] National Agriculture Library. Information Centers[EB/OL].[2017-07-27].https://www.nal.usda.gov/information-centers.

[18] National Institute of Standards and Technology[EB/OL].[2017-08-06].https://www.nist.gov/.

[19] NIST Research Library[EB/OL].[2017-08-06].https://www.nist.gov/nist-research-library.

[20] NIST research library. Innovation Hub[EB/OL].[2017-12-19].https://www.nist.gov/programs-projects/innovation-hub-0.

[21] NIST research library. Impact Metrics[EB/OL].[2017-12-19].https://www.nist.gov/programs-projects/impact-metrics.

[22] NIST Research Library. Lab Liaison Program[EB/OL].[2017-12-19].https://www.nist.gov/programs-projects/lab-liaison-program.

[23] NIST Research Library. Publishing Services[EB/OL].[2017-12-19].https://www.nist.gov/programs-projects/publishing-services-0.

4 加拿大专业图书馆

4.1 加拿大研究图书馆协会及其战略方向

4.1.1 加拿大研究图书馆协会简介

加拿大研究图书馆协会（Canadian Association of Research Libraries，CARL）[1]成立于1976年，是加拿大研究型图书馆的联合团体，现有成员包括29所加拿大高校图书馆以及加拿大国家科学图书馆和加拿大图书档案馆（Library and Archives Canada）[2]。作为CARL的成员，加拿大国家科学图书馆遵从CARL的战略方向并以此作为行动计划的指导原则；同时，CARL作为加拿大重要图书馆团体之一，对其他类型、级别、规模的图书馆具有引导作用。

4.1.2 战略实施与战略方向

4.1.2.1 战略实施（2013—2017）

CARL在其2013年年会发布2013—2017年战略发展方向[3]，围绕研究图书馆的使命、能力建设、核心价值及研究成果公共获取等方面展开部署。

（1）加拿大研究图书馆协会愿景

① 重新定义研究馆藏和服务　各种各样的学术资源呈现出日益丰富、跨学科、汇总聚集的状态。联盟或协会会帮助其成员馆通过新的教研策略、新的学术研究领域来重新定义其馆藏。

② 加强学术图书馆网络的国家作用　其成员馆的认同和合作的举措已经超出了当地和区域的界限，联盟或协会为加拿大极为重要的国家遗产、研究、高等教育的议程提供支持。

③ 促进社会参与和国际参与　联盟或协会的成员越来越多地期望为他们学术领域或机构背景之外的团体和团体组织做出贡献并获得支持。联盟或协会将代表其成员馆，建立伙伴关系以及寻找信息交流的机会，用来支持合作所参与的项目计划。

（2）加拿大研究型图书馆的能力建设

① 促进加拿大学术馆藏分享及保护方面的合作　各联盟或协会的成员馆是研究资源的管理工作中的重要部分，支持学术活动，决策以及创新。联盟或协会需要支持图书馆与其他研究机构合作以获得更有效的管理能力。

② 不断提升专业知识以适应图书馆的新兴作用　随着科研、教学和学习中数字化及全

球化的不断加剧，联盟或协会会支持图书馆在专业知识与专业背景方面有更广泛的发展。

③ 帮助成员馆处理资源管理问题　研究和高等教育的变革与社会经济变化的汇聚，要求新的基于证据的领导方法、有效的图书馆管理以及新图书馆计划的成功开发。联盟或协会为其成员解决这些问题并交流成功经验提供了平台。

（3）提升加拿大研究型图书馆价值

① 支持并发展更多的基于成果的措施以证明图书馆在“教、研、学”三方面的影响　联盟或协会负责协调与学术成就、研究成果、获取研究资助成功率等相关的图书馆服务指标和评价工具的开发。

② 促进图书馆服务的评估　通过提供相关评估的培训活动、信息共享、对相关研究的支持，联盟或协会支持其成员馆使用基于成果的证据来确立研究型图书馆的投资回报率以及展现其价值的其他方法。

③ 拓展图书馆在研究中的作用　联盟或协会及其成员馆积极开发相应的战略、联盟和指标以提高成为研究伙伴的机会，并且展示图书馆在成功的研究举措中所做出的贡献。

（4）对研究成果获取的支持

① 协调研究数据管理的举措　充分认识到挖掘研究数据以及数据密集型的研究对改变学术研究的方式和行为的价值和潜力。联盟或协会在以下方面积极协调：倡议和共识、培训与支持、获取与发现、归档与保存、虚拟科研环境等。

② 促进开放获取及学术交流新形式　联盟或协会在促进开放获取所需要的学术交流方式的转变研究成果的广泛传播和长期保存、提升信息访问的公平性等方面扮演了很重要的角色。

③ 在信息政策领域代表学术团体的利益　联盟或协会是学术团体在信息政策和平衡公平的版权方针以及知识产权问题利益方面的国家代表。

4.1.2.2　战略方向（2016—2019）

在2013—2017战略计划到期之际，CARL立足新的发展环境和发展任务提出新的战略方向“Strategic Direction（2016—2019）”[4]。

（1）推动研究（Advancing Research）

CARL在支持学术创新创造及资源长期管理方面发挥着关键作用，为学生、教职员工和研究人员提供获取世界范围内信息资源的途径。

① 主导、发展并部署研究数据管理倡议。

② 培育新的知识创造和可持续的学术交流，包括开放获取及图书馆在出版中的角色作用。

③ 促进更大范围、更深层次的合作以创造、获取、分享和保存加拿大研究资源。

（2）增强能力（Strengthening Capacity）

研究、教学、学习的内容与形式在不断加速变化，加拿大研究图书馆的人员队伍也拥有了更广泛的专业知识和教育背景，CARL提供探讨、推动研究图书馆领导力和人员发展的平台，帮助其成员图书馆成为行业发展的引领者。

① 为图书馆及图书馆员的新型角色培养专业知识和能力。

② 通过战略招聘、领导力发展、管理发展及多样性的相关举措来支持人员队伍的发展。

（3）评估影响（Measuring Impact）

CARL支持在加拿大研究图书馆内部和图书馆之间的评估，展示研究图书馆对高等教育和科学事业的宝贵贡献，促进图书馆服务的可持续发展。

① 与全校范围内的其他机构合作进行评估，制定新的指标和方法，展示图书馆对研究、教学、学习的价值和影响。

② 支持并促进正在进行的加拿大图书馆评估计划，并使用这些评估计划来加强图书馆的形象和服务。

（4）影响政策（Influencing Impact）

CARL是代表学术社区及其图书馆权益的重要声音，旨在以平衡、公正的方式处理版权及其他信息政策问题（包括信息获取、隐私、知识自由、开放政府等），常与文化和研究领域的其他组织机构、美国研究图书馆协会（ARL）、国际图书馆协会与机构联合会（IFLA）等开展国内国际合作。

① 代表加拿大研究图书馆在信息政策领域的权益（尤其是在联邦层面），特别关注版权、隐私和研究基础设施领域，加强对加拿大信息资产的广泛获取和健全管理。

② 动员图书馆和研究机构协同推动国家公共政策。

③ 广泛参与并合作，加强加拿大研究图书馆的国内国际合作。

4.2 加拿大联邦科学图书馆

4.2.1 机构概况

4.2.1.1 联邦科学图书馆概况

加拿大联邦科学图书馆（Federal Science Library，FSL）[5]是由加拿大不同学科领域的六所专业图书馆联合组成的图书馆资源门户，其中的六所专业图书馆分别为加拿大农业图书馆（Canadian Agriculture Library，CAL）[6]、环境与气候变化图书馆服务（Environment and Climate Change Canada Library Services）[7]、渔业与海洋图书馆（Fisheries and Oceans Canada Library）[8]、健康图书馆（Health Library）[9]、加拿大国家科学图书馆（National Science Library，NSL）[10]、加拿大自然资源图书馆（Natural Resources Canada Library）[11]，分别服务于农业与农产品、环境与气候、渔业与海洋、公共卫生、国家研究委员会、科技与自然资源等国家政府部门及其所属研究机构的研究与实践工作。加拿大联邦科学图书馆与加拿大农业和农业食品（Agriculture and Agri-Food Canada，AAFC）、加拿大环境与气候变化局

（Environment and Climate Change Canada，ECCC）、加拿大渔业与海洋局（Fisheries and Oceans Canada，DFO）、加拿大卫生部（Health Canada，HC）、加拿大国家研究理事会（National Research Council Canada，NRC）、加拿大自然资源部（Natural Resources Canada，NRCan）、加拿大公共卫生署（Public Health Agency of Canada，PHAC）等机构建立了广泛的合作伙伴关系。

4.2.1.2 六大成员图书馆简介

加拿大联邦图书馆的六大成员图书馆及其合作机构主要为用户提供以下服务及信息。

（1）加拿大农业图书馆

加拿大农业图书馆（CAL）是联邦科学图书馆（FSL）的成员之一，自1910年正式成立以来，加拿大农业图书馆已经收集了大量的农业和食品科学相关的信息资源。CAL主要面向加拿大农业和农业食品机构、加拿大食品检验局、投资合作伙伴和公众公开信息，提供研究支持、创新与决策参考服务，推动农业与农业食品创新、可持续发展。

（2）加拿大环境与气候变化图书馆

经过加拿大环境与气候变化局的授权，该图书馆为加拿大公众提供信息资源与服务，支持在线浏览ECCC的信息，就地向该机构咨询任何资源，或安排图书馆资料的借入借出。

（3）加拿大渔业与海洋图书馆

加拿大渔业和海洋图书馆为访客和公众提供各类与海洋、淡水和航海科学有关的信息、工具和服务，用以支持加拿大渔业管理和国内水道的安全。访客及公众可以从该图书馆中下载、请求或借阅任何其所收集的海洋、淡水和航海科学出版物中的资料信息。

（4）加拿大健康图书馆

该图书馆支持并遵从加拿大卫生部（Health Canada）和加拿大公共卫生署（Public Health Agency of Canada）的政策，提供资源和服务、支撑研究及相关活动。

（5）加拿大国家科学图书馆

加拿大国家科学图书馆（NSL）向公众提供来自国家研究理事会（National Research Council，NRC）和世界各地的工具和服务来支持加拿大国家的创新事业，公众可请求并利用科学、技术、工程、健康等方面的出版物以及在线资料库。

（6）加拿大自然资源部图书馆

加拿大自然资源部图书馆为公众提供资源和服务，以支持加拿大自然资源部的科学技术和政策工作。公众可以在线浏览该部门所收集的各类信息，并免费下载其所撰写的多种出版物，也包括各种地图及图片。访客也可以咨询该图书馆收集的各种信息，或者通过本地图书馆借阅资料。总而言之，该图书馆主要提供加拿大地球科学及图片数据库等多方面资料来支持加拿大土地、矿产、林业和能源资源等可持续发展的科学和政策研究。

4.2.2 统一资源门户与“一站式”发现系统

加拿大联邦科学图书馆（FSL）整合了六个成员图书馆的资源，提供不同科学信息和图书馆服务的交流、共享。用户可在FSL发现系统（原型为summon2.0）界面“一站式”发现六所图书馆的所有印本馆藏和数据库、知识库资源和开放获取资源，也可限定只检索某一成员图书馆的资源，FSL发现系统目前已有超过3000万条资源记录（截至2017年12月），FSL“一站式”发现系统界面见图4-1。

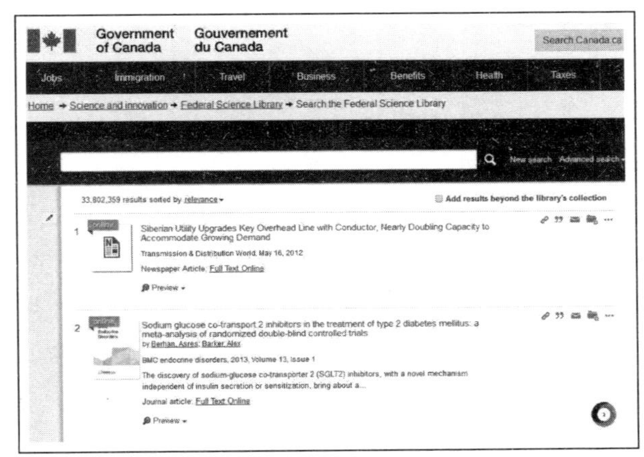

图4-1 FSL“一站式”发现系统界面

用户在使用FSL发现系统时可按照内容类型、学科分类、主题词等进行筛选，其中可检索和获取的资源内容非常多样，包括期刊文章、报纸文章、杂志、杂志文章、图书评论、图书/电子书、图书章节、档案资料、视频记录、计算机文件、会议论文、数据集、学位论文、政府文件、图片、摄影、期刊/电子期刊、工具、手稿、地图、微电影、新闻通知、专利、标准、小册子、演示报告、科技报告、网络资源等40种类型，以图书/电子图书、图书章节、图书评论、会议论文、期刊/电子期刊、期刊文章、杂志文章、政府文件、报纸文章、网络资源等为主。FSL发现系统的资源覆盖极其丰富的领域，包括农业、生物、化学、教育、工程等58个学科方向。用户还可对检索结果进行一系列的操作，包括获取其永久链接地址、生成不同标准风格的引用格式（如Oxford Style、AMA、APA等），将检索到的每个条目发送至邮箱、收藏检索结果条目、导入文献管理软件（EndNote、Zotero、Citavi等）。

由此可以看出，加拿大联邦科学图书馆具有以下几方面的特点：

① 真正实现了“联”的目标，从资源共享、服务共享方面联结了加拿大主要的科学图书馆；

② 资源丰富、获取便利，除常见的图书、期刊论文、会议论文等资源外，集成多种类型、多途径来源的资源（即便有些资源的数量很少），实现“一站式”获取；

③ 充分发挥作为加拿大各大政府部门合作伙伴的优势，整合了大量的政府文件资料和政府出版物并提供公共利用。

当然，FSL的发现系统也严重倚赖计算机、数据库、网络安全等的技术支撑，庞大的资源库也可能对检索的反应时间产生影响，容易造成系统瘫痪等故障，另外发现系统的管理、更新、维护都需要强大的技术支持。

4.3 加拿大国家科学图书馆

4.3.1 机构概况

如本章4.2部分所述，加拿大国家科学图书馆（National Science Library of Canada，NSL）[12]是加拿大联邦科学图书馆的成员之一，也是加拿大最重要的专业图书馆之一，隶属于2013年成立的加拿大国家研究理事会（National Research Council Canada，NRC）并接受其管理和监督，位于首都渥太华。一方面，NSL服从于NRC的宗旨目标——促进工业创新，支持科技发展，加快知识传播，履行政府任务，满足NRC提出的各种文献信息需求，并组织汇编NRC成员的研究成果，及时将其纳入自身数据库，保证知识成果的传播速率。另一方面，加拿大国家科学图书馆提供面向全国甚至全世界的信息服务，具体来说即为自然科学、工程技术、医学健康、交叉学科及高技术领域的科技自主创新提供文献信息保障、战略情报研究服务、科学交流与传播服务及公共信息服务平台支撑。

4.3.2 服务项目

4.3.2.1 数字存储库服务

加拿大国家研究理事会数字存储库（National Research Council’s Digital Repository）[13]是对NRC所产生的各类数字化对象进行永久存档的开源平台，可实现在单一环境中托管不同数字馆藏、“一站式”检索整个存储库资源的功能，用户还可选择NRC研究数据门户、图片档案馆藏进行专门检索，其高级检索界面见图4-2。

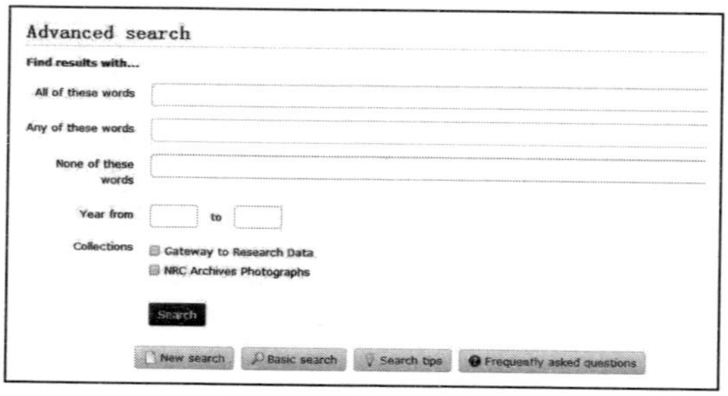

图4-2 Digital Repository高级检索界面

4.3.2.2 科学档案保存服务

加拿大国家科学图书馆还开展科学档案保存服务项目“NRC档案”（NRC Archives）[14]，该项目负责保存具有永久历史价值的NRC记录并提供公共访问，突出NRC自1916年成立以来的发展并推动加拿大科学史的进步。目前，NRC档案馆拥有超过1万份与NRC相关的文件及出版物、超过1000张照片的图片集以及其他记载NRC发展历史的重要档案资料；同时还广泛接收来自各方捐赠的、有明确出处的档案资料，包括但不限于印本资料、数字资料、视音频记录、口述历史磁带等，但不接受无法长期保存且无法迁移到现代载体上的材料。基于以上馆藏，NRC档案馆提供研究支持、历史事实核查、档案咨询、原始文件复印等服务。

4.3.2.3 NRC出版物机构知识库

NRC出版物档案（NRC Publications Archive）[15]是对NRC作者研究成果进行存储和管理的机构知识库，该知识库收藏了1916年以来百余年的NRC作者出版物，包括技术报告、会议论文、期刊文章等；目前已有出版物记录55000多条，其中有附件（全文）的记录17000多条（截至2012年12月）。除浏览、检索功能外，该知识库还具有对各年份上传的记录数量（见图4-3）、NRC各所属机构上传记录的数量及其中有附件的记录数量进行统计的功能。

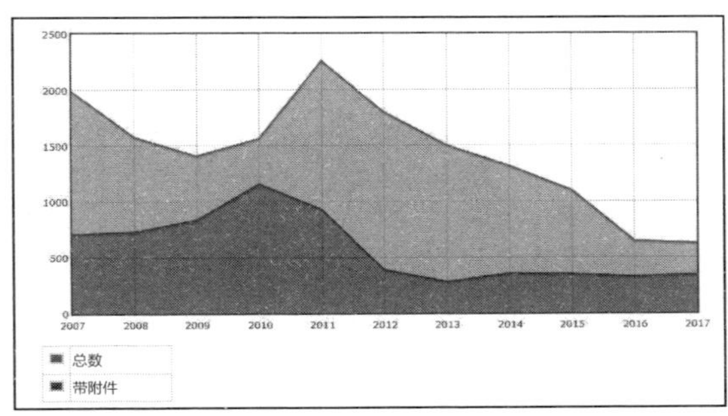

图4-3 NRC机构知识库对各年份上传记录数量的统计

4.3.2.4 PubMed Central Canada

加拿大生命科学信息中心（PubMed Central Canada，PMC Canada）[16]成立于2009年，是生命科学领域在线发布经过同行评审的研究成果的开放服务系统，也是加拿大国家科学图书馆、加拿大卫生研究院（Canadian Institutes of Health Research，CHIR）、美国国家医学图书馆（NLM）的合作伙伴。PMC Canada建立在由美国国家医学图书馆开发的PMC基础之上，并作为PMC的一名国际成员。

遗憾的是，PMC Canada宣布将于2018年2月23日永久下线，已经存储其中的资源仍将保留并保持公开检索和开放获取；同时，PMC Canada中已经存储的CHIR资助的约2900份研究成果将于此后的几个月内复制并保存至NRC的数字存储库。PMC Canada此项决策的理由在于：

① 使用率较低：自该系统建立以来，大约只有4%的CHIR资助研究成果存储至该系统；

② 升级维护成本过高：PMC Canada如若继续运行，则需要对多项技术进行升级以达到加拿大政府的网络及安全标准，但系统升级的时间、成本过高[17]。

4.3.2.5 DataCite Canada

DataCite[18]是为世界范围的研究数据提供永久标识符（digital object identifiers，DOI）服务的非营利组织，NRC是DataCite的创始成员之一，也是加拿大DOI分配代理机构之一。考虑到为研究数据服务的切实需求并经加拿大国家科学图书馆的倡议[19]，NRC创建了加拿大的DataCite（DataCite Canada），DataCite Canada与加拿大的各类数据中心、图书馆开展广泛合作，以提供研究数据DOI服务[20]，致力于提高数据的可发现、可访问和可重用。

4.3.2.6 DOCLINE in Canada

DOCLINR是提供健康科学资源馆际互借和消息传递的在线系统[21]，由美国国家医学图书馆创建。该系统主要功能是为潜在的资源请求者寻找合适的资源提供者，然后按照匹配度优先顺序依次向资源提供者发送请求，直到请求得到满足或请求被全部拒绝。较之于传统的馆际互借，DCOLINE能够提高请求响应速度、优化流程、协调利益，同时还能对馆际互借进行统计分析。DCOLINE Canada是DCOLINE在加拿大的本地化服务，由加拿大国家科学图书馆负责管理，并提供相应的培训服务和技术援助。

参考文献

[1] Canadian Association of Research Libraries[EB/OL].[2017-12-04].http://www.carl-abrc.ca/.

[2] Canadian Association of Research Libraries. Directory of Members [EB/OL].[2017-12-04]. http://www.carl-abrc.ca/about-carl/members/directory-of-members/.

[3] Canadian Association of Research Libraries. Strategic Directions 2013-2017[EB/OL]. [2017-12-04].http://www.infodocket.com/2013/06/07/canadian-association-of-research-library-publishes-new-strategic-directions-2013-2017/.

[4] Canadian Association of Research Libraries. Strategic Direction 2016-2019[EB/OL]. [2017-12-06].http://www.carl-abrc.ca/about-carl/strategic-directions/.

[5] Federal Science Library[EB/OL].[2017-08-07].http://science-libraries.canada.ca/eng/home/.

[6] Canadian Agricultural Library[EB/OL].[2017-08-07]. http://science-libraries.canada.ca/eng/

agriculture/.

[7] Environment and Climate Change Canada Library Services[EB/OL].[2017-08-07]. http://science-libraries.canada.ca/eng/environment/

[8] Fisheries and Oceans Canada Library[EB/OL].[2017-08-07]. http://science-libraries.canada.ca/eng/fisheries-oceans/.

[9] Health Library[EB/OL].[2017-08-07].http://science-libraries.canada.ca/eng/health/.

[10] National Science Library[EB/OL].[2017-08-07]. http://science-libraries.canada.ca/eng/national-science-library/.

[11] Natural Resources Canada Library[EB/OL].[2017-08-07]. http://science-libraries.canada.ca/eng/natural-resources/.

[12] National Science Library[EB/OL].[2017-08-07]. http://science-libraries.canada.ca/eng/national-science-library/.

[13] National Research Council Canada. Digital repository[EB/OL].[2017-12-20]. http://dr-dn.cisti-icist.nrc-cnrc.gc.ca/eng/home/.

[14] National Research Council Canada. NRC Archives[EB/OL].[2017-12-20]. https://www.nrc-cnrc.gc.ca/eng/publications/library_services/nrcarchives/index.html.

[15] National Research Council Canada. NRC Publications Archive[EB/OL].[2017-12-20]. http://nparc.cisti-icist.nrc-cnrc.gc.ca/eng/home/.

[16] Naitonal Research Council Canada. PubMed Central Canada[EB/OL].[2017-12-20]. https://www.nrc-cnrc.gc.ca/eng/publications/library_services/pmccanada/index.html.

[17] PubMed Central Canada[EB/OL].[2017-12-20]. http://pubmedcentralcanada.ca/pmcc/static/aboutUs.

[18] DateCite[EB/OL].[2017012-20].https://www.datacite.org/.

[19] Naitonal Research Council Canada. DataCite Canada[EB/OL].[2017-12-20]. https://www.nrc-cnrc.gc.ca/eng/publications/library_services/datacite/factsheets.html

[20] DateCite. Members[EB/OL].[2017-12-20].https://www.datacite.org/members.html.

[21] National Research Council Canada. DCOLINE in Canada[EB/OL].[2017012-20]. https://www.nrc-cnrc.gc.ca/eng/publications/library_services/docline/index.html.

5 澳大利亚专业图书馆

5.1 澳大利亚图书馆与信息服务概况

5.1.1 澳大利亚图书馆与信息协会简介

澳大利亚图书馆与信息协会（Australian Library and Information Association，ALIA）是澳大利亚图书馆与信息服务部门的全国性专业组织。ALIA成立于1937年，拥有5000余个机构或个人成员，下设40多个兴趣工作组和11个咨询委员会[1]，包括高等教育与研究图书馆咨询委员会、专门图书馆与信息服务咨询委员会、学校图书馆咨询委员会、医学图书馆咨询委员会等。

（1）ALIA的使命

ALIA自成立以来便肩负着重要使命，覆盖国家与社会、图书馆与信息服务机构、图书馆与信息服务专业人员等不同层面，主要使命为：

① 促进信息和思想的自由流通，以保障澳大利亚公众权益及国家文化、经济、环境和民主的发展；

② 促进并改善各类图书馆和信息服务机构提供的服务；

③ 确保图书馆与信息服务专业人员的高水平标准并激发他们的兴趣与志向；

④ 面向政府、其他组织及社区代表并争取成员的权益；

⑤ 鼓励人们通过加入ALIA从而为改善图书馆与信息服务做贡献；

⑥ 应对当今世界及未来的诸多挑战，支持联合国《世界人权宣言》及2030年可持续发展目标。

（2）ALIA的价值观

ALIA秉承着与世界图书馆和信息服务行业兼容、切合澳大利亚图书馆与信息服务行业发展现状的价值观，包括思想自由表达、知识自由流通、尊重多样性、信息素养与终身学习、保存人类文化记录等方面，主要包括：

① 通过知识记录、信息、创造性作品的开放获取促进信息和思想的自由流通；

② 人与思想的联结；

③ 致力于促进读写能力、信息素养和学习；

④ 尊重公众的多样性和个性；

⑤ 保存人类记录；

⑥ 为社区提供高水平的专业服务；

⑦ 通过建立合作伙伴关系实现ALIA的价值。

（3）ALIA的具体行动

为实现以上使命和价值观，ALIA将在意识培养、专业教育、终身学习、公众素养、转型变革、知识自由、文化保存等方向采取行动，具体包括：

① 提高公众对图书馆与信息的重要价值的认识，引导公众从教育、经济、社会、艺术、文化等视角看待图书馆与信息服务对国家的贡献；

② 与学者及研究人员合作，提供图书馆与信息科学相关课程，确保毕业生能胜任现代工作岗位；

③ 为图书馆与信息服务专业人员提供专业发展和培训机会，促进他们的终身学习；

④ ALIA及其成员帮助人们在学习、工作和日常生活中获取并提高阅读与信息素养；

⑤ 为成员创造转型发展的环境，把握最佳实践和未来实践趋势；

⑥ 促进信息和思想的自由流通，坚持合理使用版权、拒绝审查；

⑦ 致力于保存各种形式的公开信息和文献记录并确保可持续获取。

（4）ALIA的成员培养

作为国家层面的图书馆与信息服务联盟组织，ALIA能够为其成员机构或人员提供多方面的培训、服务和帮助，主要包括：

① 教育及提供实践标准的认证；

② 通过培训、会议及专业发展方案促进图书馆与信息专业人员的职业发展；

③ 吸引来自地方、国家、国际层面对图书馆与信息相关专业问题的关注；

④ 提供版权、劳资关系、职业发展等方面的专业咨询与支持；

⑤ 发展并扩大专业网络；

⑥ 为ALIA成员推送研究及出版物最新信息；

⑦ 制定奖励计划，表彰机构、人员在促进图书馆与信息发展方面的杰出成绩；

⑧ 广泛宣扬图书馆和图书馆专业人员的价值；

⑨ 代表整个行业的权益向政府及其他组织统一发声；

⑩ 保持ALIA出版或发布的专业期刊、会员月刊及时事通讯等的及时更新。

5.1.2 专门图书馆及其角色与价值

专门图书馆（special library）是拥有特殊馆藏、为特定用户服务或提供专业服务的图书馆。据不完全统计，澳大利亚有2000余个专门图书馆服务于政府、健康、法律、商业、银行、咨询、研究、科学技术、艺术、媒体等领域的信息需求[2]，本章下面介绍的澳大利亚联邦科学与工业研究组织图书馆、澳大利亚地球科学局图书馆均可视为一种专门图书馆。早在1993年，ALIA便制定了澳大利亚专门图书馆指南[3]，并分别于1999年和2010年进行了修正。

2016年11月至2017年2月，ALIA组织了对专门图书馆专业人员的调查研究，并于2017年7月发布题为《专门图书馆馆员及信息专业人员的独特角色与价值》的调查报告[4]，报告的主要发现为：

① 专门图书馆馆员的角色仍然与所在组织机构的信息管理需求相关，对专门图书馆投资回报率的研究结果令人印象深刻，但未充分考虑提高信息质量，显然提高信息质量是必要且有价值的，目前专门图书馆馆员所做的还无法用数字技术来取代；

② 保存原生数字资料是专门图书馆馆员的新兴任务，在数据生命周期中扮演重要角色，通过有效重用和避免滥用实现数据与信息的价值最大化，此外专门图书馆馆员在数据科学领域具有潜在作用，数据科学在计算机及信息技术领域已经基本发展起来，但还缺少对如何创建、存储、使用、注释、重用和保存数据的考虑；

③ 根据澳大利亚统计局的描述，专门图书馆馆员和信息与通信技术专业人员、管理与组织分析师的工作有交叉之处。

5.2 澳大利亚联邦科学与工业研究组织图书馆

5.2.1 机构概况

澳大利亚联邦科学与工业研究组织（the Commonwealth Scientific and Industrial Research Organisation，CSIRO）[5]是澳大利亚最大的国家级科研机构，前身是成立于1926年的澳大利亚科学与工业咨询委员会（Advisory Council of Science and Industry）。CSIRO将其提供的图书馆与信息服务置于“出版物”栏目下，主要包括CSIRO出版、数据获取门户、研究出版物机构库及CSIRO图书馆服务等项目[6]，为科学研究提供全方位的信息资源支撑服务。

5.2.2 资源与服务

5.2.2.1 资源建设与基础服务

CSIRO图书馆[7]馆藏资源丰富，包括大量印本资源以及约40000种电子期刊、20万种电子图书、240余个数据库[8]的电子资源，并列出最受欢迎的数据库。CSIRO图书馆集成资源提供“一站式”发现服务，并基于资源提供其他相关服务，主要包括：浏览、查询、借阅等图书馆基本服务；图书馆信息桌面推送；馆际互借与文献传递；信息素养类培训与帮助；读者荐购；参考咨询。其中CSIRO数据库中最常访问、受欢迎的18个数据库如下。

① The Age：自1854年开始出版，刊登墨尔本本地、澳大利亚及全世界的新闻资讯，该数据库允许用户获取印本的数字化副本（包括过去6个月的存档）和网络版本。

② Altmetric. Explorer for Institutions：通过浏览作者、部门信息或进行检索，获取特定的研究成果并利用替代计量指标对在线学术研究进行监测。

③ The Australian Financial Review：50多年来，“澳大利亚金融评论”在澳大利亚提供了权威性的商业、金融及投资方面的资讯，用户可在线浏览印本的数字化副本（包括过去3年内的存档）和网络版本。

④ Britannica Academic：该数据库整合了广泛的数字化百科全书、一般性文献、历史资源以及其他研究内容、新闻、媒体、调查网站等资源。

⑤ Choice：该数据库提供有关产品和服务的数千份报告和评论，覆盖广泛的内容范畴，如洗衣机、蒸汽拖把、咖啡研磨机、机车、医疗保险等。该数据库有访问权限限制，用户需用特定用户名及密码获取相关权限。

⑥ CRCnetBASE：提供10000多种CRC出版社（Taylor & Francis Group成员）出版的电子书，覆盖科学、技术及工程等学科领域。

⑦ Essential Science Indicators（ESI）：基本科学指标数据库，是由世界上著名的学术信息出版机构ISI（美国科技信息所）于2001年推出的衡量科学研究绩效、跟踪科学发展趋势的基本分析评价工具，是基于ISI引文索引数据库Science Citation Index （SCI）和 Social Science Citation Index（SSCI）所收录的全球8500多种学术期刊而建立的计量分析数据库。

⑧ Journal Citation Reports（JCR）：期刊印证报告，基于web of science的引文数据对其所覆盖的近8000种期刊进行影响因子及相关的引文数据统计，JCR分为自然科学版（Science Edition）和社会科学版（Social Science Edition）。自然科学版主要对6100多种自然科学领域的期刊进行影响因子及引文分析统计，社会科学版主要对1800多种社会科学领域的期刊进行影响因子及引文分析统计。

⑨ PlumX dashboards：可按作者、部门或研究成果类型进行浏览与检索，利用替代指标对学术研究在线学术研究活动进行监测。

⑩ ProQuest：是提供新闻、商业、健康、医药、科学技术及社会科学等领域综合搜索的数据库。

⑪ ScienceDirect：提供由爱思唯尔（Elsevier）出版的数千种同行评审期刊、书籍、参考书和书籍系列，涵盖了科学、技术和医学等几乎所有领域。

⑫ SciFinder：该数据库是化学文献综合数据库，收录了4100万条期刊论文、专利文献、化学物质、化学反应及其他资源记录，用户可检索标题、作者、化学物质名称等，也可利用编辑器来绘制化学结构、子结构或化学反应。用户需咨询图书馆馆员获取用户名和密码以便获取访问权限。

⑬ Scopus：由Elsevier于2004年11月正式推出，是目前全球规模最大的文摘和引文数据库，涵盖了由5000多家出版商出版发行的科技、医学和社会科学方面的24000多种期刊，其中同行评审期刊21000多种。

⑭ SpringerLink：提供德国施普林-自然出版集团（Springer Nature）出版的数千种期刊、图书、丛书等资源，涵盖几乎所有学科领域。

⑮ The Sydney morning herald：自1831年以来，《悉尼先驱晨报》就连续不断地在澳大利亚出版报纸。数字版允许用户在线浏览印本的全部副本，并且包括6个月的存档期。也可以获取网络版。

⑯ Taylor & Francis Online：获取2000多种盖有Routledge、Taylo、Francis印记的电子期刊，涵盖包括科学、技术和社会科学的所有学科领域。

⑰ Web of science：集成了科学引文索引（Science Citation Index）、社会科学引文索引（Social science Citation Index）、艺术与人文科学引文索引（Arts & Humanities Citation Index）、社会科学及人文科学会议录索引（CPCI-SSH）、科技会议录索引（CPSI-S）、基本科学指标库（Essential science Indicators）等多个著名数据库，具有强大的索引功能。

⑱ Wiley Online Library：提供John Wiley & Sons出版的数千种期刊和图书，覆盖科学、技术和医学等几乎所有学科领域。

5.2.2.2 研究支持服务

作为隶属于科研机构内的图书馆，CSIRO图书馆针对研究生命周期提供各方面的研究支持服务，主要包括：

① 研究成果发布；

② 出版物影响评估，提供出版物影响力评估方法、工具；

③ 数据管理；

④ 研究咨询与支持，如文献计量与引用分析、细分学科资源导航；

⑤ 研究工具服务，如为研究人员推荐的文献管理工具EndNote并推荐EndNote使用指导书，为CSIRO研究人员免费提供机构版本的文献管理软件Mendeley。

5.2.2.3 研究出版物机构库

CSIRO研究出版物机构库（Research Publications Repository，RPP）是CISRO的机构知识库，广泛收集、保存了CSIRO机构及其研究人员百年来产生的研究成果，包括期刊文章、会议论文、图书、报告、图书及其章节、在线媒体资料、视音频资料等，目前共有22万余条资源记录[9]（截至2017年12月），供读者浏览和检索（其中高级检索界面见图5-1，浏览界面见图5-2），该机构库由CSIRO信息管理与技术部门建设并维护。

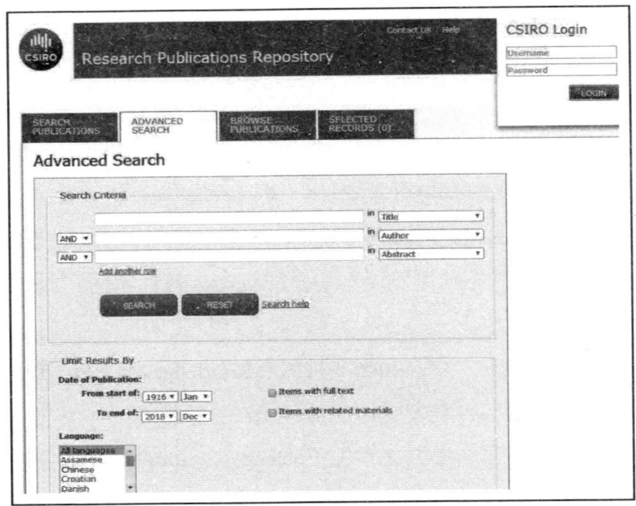

图5-1　CSIRO Research Publications Repository高级检索界面

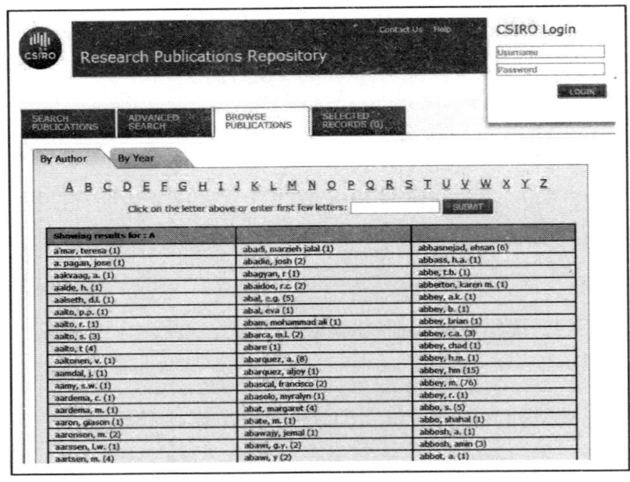

图5-2　CSIRO Research Publications Repository浏览界面

5.2.2.4　数据门户

数据是一种特别的研究成果形式，CSIRO数据门户（CSIRO Data Access Portal）[10]集成了CISRO机构及其研究人员发布的研究数据、软件及其他数字资源，目前已有数据资源2000余条（截至2017年12月14日），用户可浏览、检索所有数据（见图5-3、图5-4），还可使用某些特定学科领域的检索工具（domain search tools）进行检索（见图5-5），该数据门户同样由CSIRO信息管理与技术部门进行日常管理和维护。

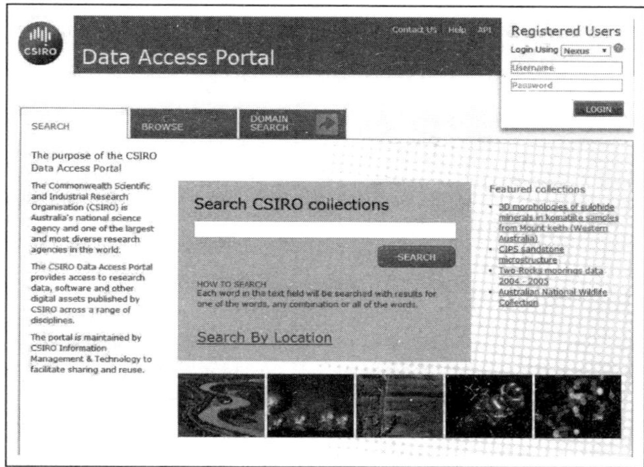

图5-3 CSIRO 数据门户搜索界面

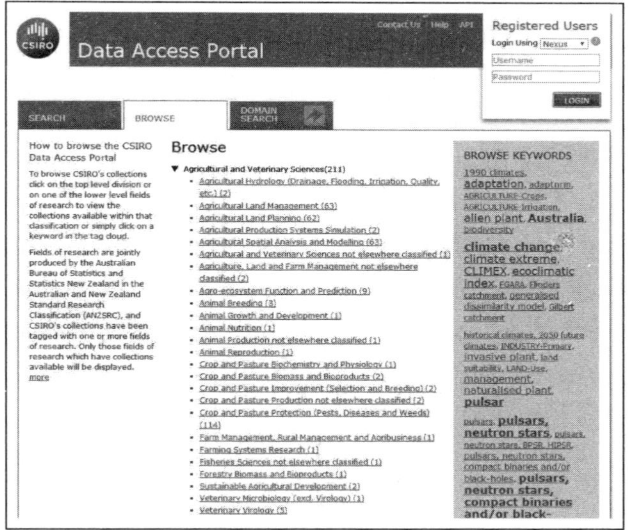

图5-4 CSIRO数据门户浏览界面

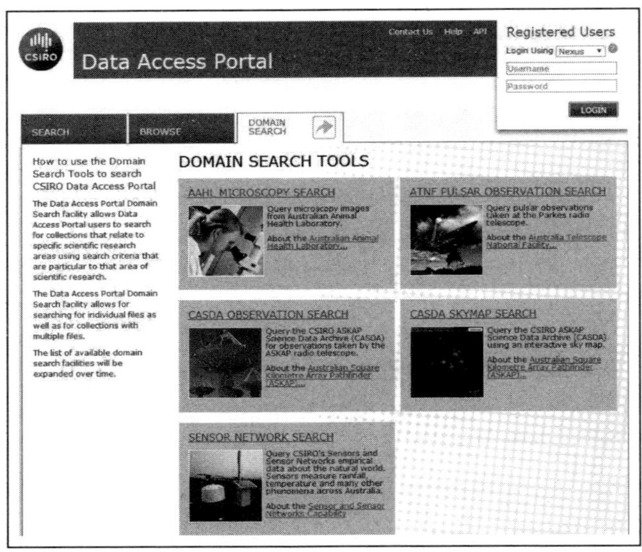

图5-5　CSIRO数据门户领域检索工具

5.2.2.5　出版服务

CSIRO出版社是CSIRO机构内具有独立编辑出版功能的科学出版社，于1995年作为一个独立的业务部门而成立。出版物范围涵盖广泛的科学领域，包括农学、动植物科学、化学、健康与环境等学科。CSIRO出版印本与电子的图书、期刊、杂志等类型的科学出版物，用户可在线浏览这些出版物的基本信息，并可直接在线购买。CSIRO的出版业务遵循设计与生产的质量标准，遵守严格的同行评审制度，支持作者充分表达自己的想法，尊重思想与文化的多样性，鼓励学术创新和可持续发展[11]。

5.3　澳大利亚地球科学局图书馆

5.3.1　澳大利亚地球科学局简介

澳大利亚地球科学局(Geoscience Australia)由澳大利亚测量与土地信息组（Australian Surveying and Land Information Group，AUSLIG）和澳大利亚地质调查机构（Australian Geological Survey Organization，AGSO）合并组建而成，于2001年11月正式成立。其中，AGSO的前身是澳大利亚矿产资源地质和地球物理局（Bureau of Mineral Resources，BMR），1946年6月成立于堪培拉，1992年更名为现名，是澳大利亚联邦政府的地质矿产研究机构，兼有地质调查机构（进行系统地质调查和地球物理调查工作）和矿业局（监督矿产和石油工业）的双重职能。AUSLIG成立于1987年，主要职能是提供国家地理信息服务，并为行业和政府提供卫星图像[12]。

2011年，澳大利亚进行政府机构调整与重组，成立澳大利亚地球科学局，基本继承了原澳大利亚地质调查局的职能，并扩展了国家空间数据生产与管理方面的职能，保障国家对地学信息的需求，在更广泛的领域内通过多学科合作开展具有重要意义的地学工作。地球科学局是研究地球各种作用的专业部门，是政府在所有地学领域的技术支撑力量，同时也是国家地理和地质资料的管理者。根据《财务管理与会计责任法案》（1997年）的规定，地球科学局隶属澳大利亚资源、能源与旅游部。从成立之初，澳大利亚地球科学活动已逐步扩展开来，不仅关注多元化的资源开发主题，也关注海啸与地震自然灾害问题、气候变化、地下水研究、海洋和海岸带研究、碳捕获和储存、植被监测以及太空观测等。

澳大利亚地球科学局以满足澳大利亚政府地球科学信息的需求为目标，以利用地质科学信息和知识实现澳大利亚经济、社会和环境综合效益为使命，澳大利亚地球科学局目前工作有六大战略重点：① 建设澳大利亚资源财富；② 确保澳大利亚社区安全；③ 保护澳大利亚水资源；④ 管理澳大利亚的海洋管辖权；⑤ 提供基础地理信息；⑥ 保持地球科学知识和能力。澳大利亚地球科学局图书馆围绕这些战略重点提供科学信息、竞争情报等服务。

5.3.2 澳大利亚地球科学局图书馆

澳大利亚地球科学局图书馆（Doc Fisher Geoscience Library）服务于该国地球科学机构、大学、研究中心、采矿及石油工业及其他公众，是澳大利亚最主要的地球科学图书馆之一[13]。该馆始建于1946年，后于2007年以首席地质学家Doc Fisher命名并改为现名。澳大利亚地球科学局图书馆是较为小型的专业图书馆，在资源建设、用户服务方面具有“小而专”的特点。

5.3.2.1 资源建设

澳大利亚地球科学局图书馆广泛搜集国内外地球科学领域的出版物与学术信息资源，提供丰富的资源检索与利用，包括：

① 25000余种图书；

② 4000余种期刊；

③ 大量专题地图；

④ 航空摄影资料，1940年以来澳大利亚及巴布亚岛新几内亚的1000多个航空摄影箱，约有140万张黑白和彩色图像；

⑤ 早期BMR记录：记录BMR的早期信息，包括战时矿产能源报告、战后矿产资源总结报告及地球科学局前身及发展至今的重要历程的记录；

⑥ 机密档案，20世纪50～60年代近十年的机密档案；

⑦ 早期公告，包括矿产资源局的成立公告、运行过程中重大事件的公报、早期专题调查摘要等，该系列公告于2001年终止；

⑧ 石油搜索补贴法出版物，1950年前后石油搜寻受阻的特殊时代背景下的“石油搜索补贴法案”相关资料及出版物。

该图书馆的资源特色体现在三个方面：一是地球科学领域资源的多样化、系统性和完备性；二是地球科学领域调查报告的丰富性、开放性；三是档案记录较为原始和完整。首先，由于地球科学本身的特点，地球科学领域的资源不仅包括传统的图书、期刊、调查报告等类型，还包含大量地图、图片、航空摄影、模型、数据、标准等类型，资源类型极其丰富。其次，由于地球科学局的功能定位，地球科学局图书馆馆藏的调查报告数据多、质量高，且面向世界各地免费开放。另外，该图书馆非常重视档案资料的保存，保存最早的档案可追溯到1941年第一个BMR记录。

除Doc Fisher地球科学局图书馆提供的资源与服务外，澳大利亚地球科学局还提供数据出版物的检索，提供诸多地球科学研究与实践相关的在线工具、各种功用的地图、交互地图、交互3D模型、数据标准与模型等的利用，并将这些资源或服务在机构网站的“数据&出版物”栏目下予以揭示，见图5-6。

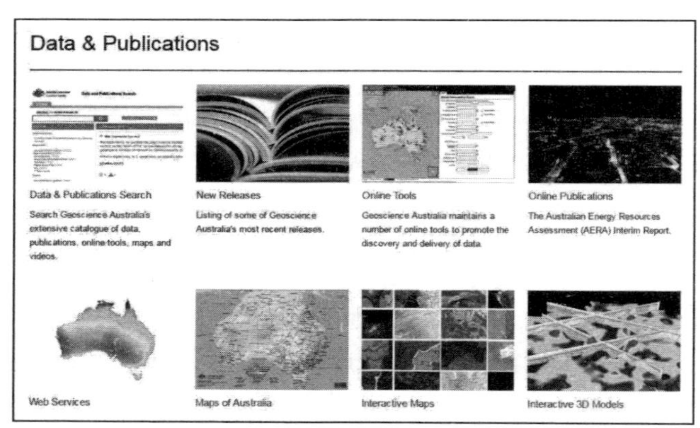

图5-6　数据&出版物栏目

5.3.2.2　用户服务

文献传递是该馆一项基础的、长期的服务，通过文献传递系统为澳大利亚甚至全世界有需要的用户提供地球科学领域的资源。图书馆根据用户需求可分别在2小时、24小时、48小时内响应文献传递请求。

数据与出版物检索服务是该馆基于资源特色而提供的服务，用户可通过资源来源机构、关键词、资源类型（非地理数据集、数据集、文档、软件等）、服务类型、资源体量、年份等条件进行筛选。该馆将所有类型的资源整合到统一的检索入口，便于用户“一站式”获取所有资源。

参考文献

[1] Australian Library and Information Association[EB/OL].[2017-12-15].https://www.alia.org.au/about-alia.

[2] ALIA. 10 ways libraries power high performance organisations[EB/OL].[2017-12-15]. https://www.alia.org.au/sites/default/files/10%20ways%20libraries%20power%20high%20performance%20organisations%20A4%20handout.pdf.

[3] ALIA Guidelines for Australian Special Libraries[EB/OL].[2017-12-15].http://www.alia.org.au/sites/default/files/documents/advocacy/Guidelines.ASL_.pdf.

[4] ALIA. The unique role and value of information professionals in special libraries[EB/OL].[2017-12-15].https://www.alia.org.au/sites/default/files/ALIA%20-%20The%20unique%20role%20and%20value%20of%20information%20professionals%20in%20special%20libraries.pdf.

[5] CSIRO[EB/OL].[2017-08-04].https://www.csiro.au/.

[6] CSIRO. Publications[EB/OL].[2017-12-14].https://www.csiro.au/en/Publications.

[7] CSIRO. CSIRO library services[EB/OL].[2017-12-14].https://www.csiro.au/en/Publications/Libraries.

[8] CSIRO databases[EB/OL].[2017-12-14].https://libraryservice.it.csiro.au/db/db.html.

[9] CSIRO Research Publications Repository[EB/OL].[2017-12-14].https://publications.csiro.au/rpr/search?q=.

[10] CSIRO Data Access Portal[EB/OL].[2017-12-14].https://data.csiro.au/dap/home?execution=e4s1.

[11] CSIRO Publishing[EB/OL].[2017-12-14].http://www.publish.csiro.au/aboutus.

[12] Geoscience Australia. Our history [2017-12-15].http://www.ga .gov.au/about/history.

[13] Fisher Geoscience Library [2017-12-16].http://www.ga.gov.au/data-pubs/libray.

6 日本专业图书馆

6.1 日本国立情报学研究所图书馆

6.1.1 机构概况

日本国立情报学研究所（National Institute of Informatics，NII）[1]是日本信息学领域的学术研究机构，以“创造未来价值”为行动目标，致力于推动对整个日本学术界的研究和教育活动以及日本大学和研究机构不可或缺的网络科学基础设施的建设，并与其他机构广泛开展合作促进信息相关领域新理论、新方法的研发与应用。日本国立情报学研究所图书馆（National Institute of Informatics Library）[2]是附属于、服务于该研究所的图书馆。

6.1.2 NII图书馆发展现状

6.1.2.1 馆藏资源与基础服务

目前，国立情报学研究所图书馆OPAC目录提供在线浏览和检索服务，该馆目前主要馆藏资源类型包括印本图书30630种、电子书33844种、期刊1649种、计算机文件167份、视听资料33件等，覆盖英语、日语、意大利语、德语、中文、俄语等60多种语言（截至2018年2月26日）。

作为科研机构内的小型专业图书馆，日本国立情报学研究所图书馆的服务对象范围较小，相应地，提供的服务种类也较少，基础服务包括到馆服务、复印、检索浏览、馆际互借等。

其中，图书馆到馆服务针对以下人士开放：国立情报学研究所职员、委员会委员、名誉教授以及研究所的研究员、研究生等。图书馆还为其他用户提供服务，主要包括：NII主任认可的信息学研究与研究人员，国家、公立和私立大学、初级学院和技术学院教职工，校际合作组织的工作人员，开放大学教学人员、大学生、研究生，医务人员和大学研究人员，文部省机构人员，国家公务员，独立行政机构、特种公司研究机构职员，学术研究机构职员，相当于大学的教育机构教职员工、海外高等教育/研究机构职员等。此外，借阅服务针对所内人员完全开放，所外人士仅限室内阅览，不提供借出服务；对合作的国立大学、私立学院、大专院校、技术学院及国家研究机构提供馆际互借及资料复印服务。

6.1.2.2 其他

除基础服务外，国立情报学研究所图书馆还提供宣传、展览等服务。该图书馆面向社会广泛读者群体刊行宣传类期刊NII Today，期刊围绕信息工作展开，主题不一，如有关网络安全的主题包括网络安全人员的工作、网络安全下的学术自由、大学所需的信息安全对策等内容。

该图书馆还配合举办展览会介绍NII的情况，为图书馆和图书馆用户提供最新服务趋势，如2016年11月展会介绍“CiNii”“ERDB-JP”“JAIRO Cloud”“KAKEN”基本概况及使用。

6.2 原子能研究开发机构图书馆

6.2.1 机构概况

日本原子能研究开发机构（Japan Atomic Energy Agency，JAEA）[3]是日本核研究机构，由日本核燃料循环开发机构（JNC）与日本原子能研究所（JAERI）于2005年合并组成。JAEA下设若干研究所或研究中心，从事核安全、先进科学、核科学与工程、地质隔离等领域的研究与开发，同时还设有福岛研究与开发部门、快堆研究与开发部门、战略与国际事务办公室、智力资源管理与研究开发合作部门（图书馆属于该部门）、计算科学与电子系统中心、核能人力资源发展中心、核紧急救援与培训中心、核不扩散与核安全综合支持中心等部门。

6.2.2 JAEA图书馆发展现状

原子能研究开发机构图书馆（JAEA图书馆）[4]是日本最大的核信息中心之一，主要服务于该机构的研究与开发活动，JAEA将其置于机构官网的“出版物”栏目之下。JAEA图书馆中心馆位于核科学研究所内，具有对其他JAEA图书馆站点的统筹协调功能，主要承担收集和提供核专业相关的学术资源、记录和传播JAEA的研发成果、收集和提供日本国内外的核电学术信息的职能。

6.2.2.1 核专业相关资源建设与利用

JAEA图书馆的资源范围主要覆盖核科学、物理学、化学、计算机科学与工程等学科领域。现藏有核科学及相关领域约15万册藏书、2000种学术期刊、110万份研究与技术报告，还包括与欧美国家核研究开发和研究合作协议基础上获得的许多有价值和稀缺资料，并提供OPAC检索利用和复制服务。

6.2.2.2 记录和传播JAEA的研发成果

除馆藏资源检索利用外，JAEA图书馆还提供JAEA研究人员产生的研究及开发报告（JAEA R&D Review）、年度报告（Annual Report）等文件，对核科学相关研究进行编辑、出版、保存、传播服务，研发成果在日本全国及世界范围内传播，也分发给国内外相关组织，部分研究开发报告如图6-1所示。研发成果可从机构的“JOPSS”系统中进行搜索与阅读，可查看研发报告全文以及核科学学术论文和会议发言。

图6-1　日本原子能研究开发机构图书馆研究报告

6.2.2.3　广泛收集和保存核相关信息

JAEA图书馆还承担着联结日本与世界核科学领域信息的窗口角色，JAEA被提名为由国际原子能机构（IAEA）运营的国际核信息系统（INIS）的国家中心。为此，JAEA图书馆肩负着广泛收集和提供来自世界各地的核科学领域信息的使命，承担着在日本推广INIS数据库的任务。该馆还为JAEA提供日本国内有关核文件出版的书目数据，并承担着其他相关编辑、出版、传播等方面的工作。

此外，JAEA创建了在线网站式数据资料库“NSIJ-OP（Nuclear Science Information of Japan - Oral Presentation）数据库”，编辑日本国内核相关学术会议的英文介绍，用户可通过互联网获取。如数据库列举福岛核事故相关资料库的经典案例，相关情报共有5方面：① 福岛核事故相关信息档案；② 核能组织的研发成果、研发报告文件、外部发表的论文、东京电力公司福岛第一核电站事故的口述信息；③ 关联文献，建立JAEA库列表；④ 关联链接，互联网上关于福岛第一核电站事故的相关信息；⑤ 国内外报告（东京电力公司福岛第一核电站事故）。

参考文献

[1] National Institute of Informatics[EB/OL].[2018-02-06]. http://www.nii.ac.jp/en/.

[2] National Institute of Informatics Library[EB/OL].[2018-02-06].http://www.nii.ac.jp/en/about/library/.

[3] Japan Atomic Energy Agency[EB/OL].[2017-08-08].http://www.jaea.go.jp/english/.

[4] JAEA Library[EB/OL].[2017-08-08].http://tenkai.jaea.go.jp/english/library/.

7 俄罗斯国家公共科技图书馆

7.1 机构概况

俄罗斯国家公共科技图书馆（Russian National Public Library for Science and Technology，简称GPNTB）[1]成立于1958年，是俄罗斯工程、科学与技术领域的专业图书馆，在苏联高等教育部国家科学图书馆的基础上发展而来[2]。GPNTB是俄罗斯自然与应用科学、工程、基础、生态与经济学等领域最大、最全面的专业图书馆。GPNTB每年更新40种年度出版物，用户超过10万，每年近30万次访问，每天约1000个远程查询，图书馆员工700余人。

7.2 发展现状

7.2.1 角色与功能

GPNTB在俄罗斯科技领域的出版物出版、收藏、存储、利用，信息技术开发与应用，社会教育与培训，科学文化传播，对外交流合作等方面都扮演着重要角色，具体包括[3]：

① 全面收集自然科学、应用科学、技术、经济等领域出版物；

② 俄罗斯及国外科技出版物的国家知识库；

③ 信息与电信技术联邦中心，在网络上提供国内外资源；

④ 科学、方法及培训中心；

⑤ 俄罗斯图书馆自动化系统IRBIS开发者，该系统应用于俄罗斯及独联体国家的约1500个图书馆；

⑥ 俄罗斯科技出版物保存于本图书馆；

⑦ 出版社；

⑧ 国际专业图书馆与信息合作中心。

7.2.2　信息技术开发应用

如前所述，GPNTB在图书情报信息技术开发或应用方面扮演着重要的角色，由该馆开发或二次开发应用的信息技术主要包括[4]：

① IRBIS图书馆自动化系统；

② 图书馆用户条形码登记和出版物条形码识别；

③ 互联网服务器、图书馆互联网技术；

④ 卡片目录的回溯转换的混合技术；

⑤ 生成、维护和开发自动化联合目录的技术；

⑥ 用于CD-ROM服务的自动化网络系统；

⑦ 电子文献传递；

⑧ 数字图书馆的建设与发展；

⑨ 书目格式转换器和语言处理器。

7.3　资源与服务

7.3.1　资源与服务概况

俄罗斯国家公共科技图书馆以较大规模的馆藏资源为特点，整体而言，GPNTB馆藏物约800万册（件）、20万种，资源类型包括国内外图书、期刊、专著、科学报告、国内国际会议报告、电子图书、数据库、图片资源、网络资源等，另外还藏有善本/旧版图书、百科全书、参考书、字典、手册等综合资源或珍稀资源。具体而言，GPNTB拥有超过70万条科学技术出版物联合目录记录、近45万条OPAC目录记录，约200万条书目记录。

7.3.2　文献资源保障服务

GPNTB非常重视文献资源保障服务，在提供馆藏资源服务的基础上提供馆际互借与文献传递服务。对于电子资源的传递，GPNTB在得到用户文献请求之后5～7天内进行处理，而用户通过GPNTB借阅其他图书馆的馆藏则需为每一个请求付费12欧元[5]。

7.4　研究与发展

7.4.1　国际合作活动

作为俄罗斯国家性的科技图书馆，GPNTB与国际上2000多个图书馆及图书情报机构建立了合作伙伴关系。一方面，GPNTB与世界知名图书情报机构开展了广泛的交流与合作活动，包括与联合国教科文组织（UNESCO）、国际图书馆协会与机构联合会（IFLA）、国际理工大学图书馆协会（IATUL）、国际知识组织学会（ISKO）等；另一方面，GPNTB是国际研究与技术图书馆协会（Association of Research and Technical Libraries）、国际电子图书馆、新信息技术用户与开发者协会（International Association of Users and Developers of Electronic Libraries and New Information Technologies，ELNIT）的总部。另外，GPNTB还组织了许多国际会议和教育参观活动，包括CRIME国际会议年会（现代科学、文化、教育、商业领域图书馆与信息资源国际会议）、LIBCOM国际会议（图书馆信息技术、计算机系统和出版物国际会议）、“东西方电子资源和国际交流”国际研讨会等[6]。

7.4.2 研究与教育活动

俄罗斯国家公共科技图书馆成立了科学理事会，理事会成员由俄罗斯国家公共科技图书馆和其他图书馆与信息机构的工作人员组成，旨在帮助图书馆更好地开展研究活动，并发挥其作为国家性的科学技术图书馆、国家存储图书馆与国外科技出版物存储图书馆、科技信息中心、国家科学技术图书馆指导中心等的职能。GPNTB所有的研究与发展活动目标在于改善现有书目，开发新的书目标准与格式，开发新的分类及索引系统，设计图书馆信息化、馆际协作与联合的解决方案，推动图书馆信息系统和网络自动化系统的建设与应用，进行图书馆信息数据处理和用户服务先进技术的培训与维护等，从而全面提升GPNTB的可持续发展能力[7]。

此外，俄罗斯国家公共科技图书馆还是莫斯科国立文化大学信息技术与电子图书馆系的教育基地（相当于图书馆与大学院系联合办学），前者负责后者信息系统和计算机技术专业学生的全职或远程课程培训，同时还开设信息技术与电子图书馆系的专业范围以外的全职、远程或夜间课程；授课教师共16名，其中13名为俄罗斯国家科学技术公共图书馆的工作人员[8]。

参考文献

[1] Russian National Public Library for Science and Technology[EB/OL].[2017-08-06].http://english.gpntb.ru/.

[2] Wikipedia. Russian National Public Library for Science and Technology[EB/OL]. [2017-09-05]. https://en.wikipedia.org/wiki/Russian_National_Public_Library_for_Science_and_Technology.

[3] Russian National Public Library for Science and Technology. Facts and Figures[EB/OL]. [2017-

09-05].http://english.gpntb.ru/about-the-library/facts-and-figures.html.

[4] Russian National Public Library for Science and Technology. Information Technologies [EB/OL].[2017-09-05].http://english.gpntb.ru/about-the-library/information-technologies.html.

[5] Russian National Public Library for Science and Technology. User Services[EB/OL]. [2017-09-05].http://english.gpntb.ru/user-services.html.

[6] Russian National Public Library for Science and Technology. International Activity[EB/OL]. [2017-09-05].http://english.gpntb.ru/international-activity.html.

[7] Russian National Public Library for Science and Technology. Scientific Council of RNPLS&T [EB/OL].[2017-09-05].http://english.gpntb.ru/scientific-and-education-activity.html.

[8] Russian National Public Library for Science and Technology. Department of Information Technologies and Electronic Libraries, Moscow State University of Culture[EB/OL]. [2017-09-05].http://english.gpntb.ru/scientific-and-education-activity/department-of-information-technologies-and-electronic-libraries-moscow-state-university-of-culture.html.

8 英国国家物理实验室图书馆

8.1 机构概况

英国国家物理实验室（National Physical Laboratory，NPL）是英国国家测量基准研究中心、英国最大的应用物理研究组织、英国测量标准开发应用机构，是世界上最古老的标准化实验室之一。实验室始建于1900年，位于英国伦敦特丁顿的布什之家（Bushy House），占地近36000平方米，拥有388个世界上最广泛和最先进的测量科学实验室。NPL提供研究开发和培训咨询服务，旨在确保科学计划与英国工业、公民和政府的发展需求相一致，最大限度地发挥科学作用，将科学知识运用到日常工业和商业活动中[1]。

英国国家物理实验室图书馆（NPL 图书馆）[2]是服务于其实验室各类研究活动、各种信息需求的专业图书馆，提供包括出版物、年报、杂志、指南、海报、培训等资源及研究咨询、培训咨询等服务。

8.2 挑战与战略部署

8.2.1 战略部署

实验室未来发展方向将在可持续性的低碳经济、科学发现和研究开发、卫生保健和安全等领域进行。通过测量技术为科研、社会活动提供优质的科学，不断创新技术、加强同企业、学术界的合作等方式，保持测量研究的优越性。

NPL图书馆的未来发展方向是持续促进实验室的发展，通过图书馆加强与外界的合作，以促进实验室的优势。

8.2.2 挑战

未来计量和测量领域将会出现的挑战包括：

① 出现新的量子国际单位制（SI），如何进行定义新的量子国际单位制以及如何将以

往的参数调整成为一大挑战；

② 关于前沿领域的测量，如何适应将成为未来测量的一大挑战；

③ 智能化技术的不断发展，如何将测量技术和智能技术相融合，如何在测量中发挥智能化的优势将对测量提出新的挑战；

④ 保证测量系统的持续可用性，使产品具有自我测量功能将成为挑战[3]。

国家物理实验室图书馆可能面临的挑战很大程度上取决于NPL所面临的挑战，为帮助实验室更好地适应未来计量和测量领域的发展，图书馆应及时、准确地为实验室提供所需的资源与服务支撑。

8.3 服务项目

作为“实验室”所属的图书馆，NPL图书馆的服务项目相对单一，主要提供基于出版物的服务（资源即服务），包括馆藏目录检索及获取以及对NPL相关出版物进行推介和展示。通常情况下，拥有足够空间及完备设备的实验室能够在一定程度上替代研究人员对图书馆的需求，也许这一现象能够在某种程度上解释NPL图书馆服务的单一性。NPL图书馆也许可以借鉴美国国家标准与技术研究院图书馆的做法，建立“实验室馆员”服务项目，指定专门馆员长期服务于各实验室的研究活动和信息需求。

其中，NPL图书馆的“资源即服务”主要如下。

（1）NPL年度报告（Annual Review）

NPL年度报告是对NPL一年的研究成果、重要进展、重大事项等发展历史的回顾和精华资料的汇编，并面向NPL用户及社会公众开放[4]。

（2）指南（Guides）

该服务是面向所有公众的，为来访NPL的所有使用者提供可能感兴趣的相关测量内容的指南，如NPL初学者指南、维度计量学指南、真空称重指南等。用户可自行免费下载感兴趣的指南并进行相关操作[5]，指南示例见图8-1。

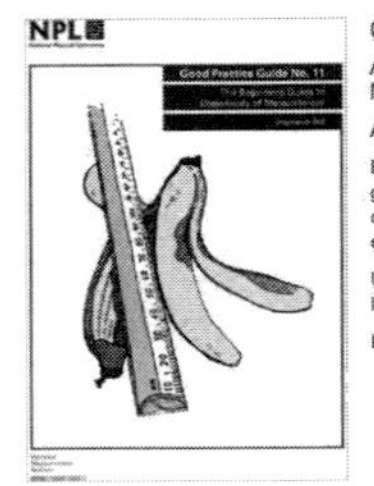

图8-1　NPL指南示例

（3）科学海报（Science Posters）

NPL还承担着面向公众提供科普的职责，“科学海报”通过海报的形式向社会公众展示NPL的科研成果，目前涵盖声学、电磁学、高级材料、工程测量、量子现象等近12个学科领域，用户可按照学科领域或发布时间选择海报并免费下载[6]。NPL科学海报示例见图8-2。

（4）校园海报（School Posters）

中小学生是NPL科普活动的重要对象之一，“校园海报”便是面向青少年提供的科学和数学教育服务。通过海报的形式向中小学生传递、普及关于测量的科学知识，如长度、温度、声音等。用户可在NPL网站上自行免费下载海报及相关资料，同时NPL也向除英国以外的地区和国家的需求者提供相关海报和资料[7]，NPL校园海报示例见图8-3。

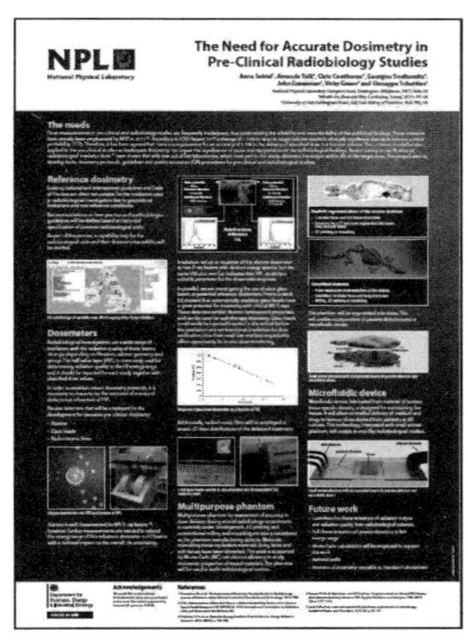

图8-2　NPL科学海报示例

图8-3　NPL校园海报示例

（5）年度测量调查报告

NPL每年发布针对NPL测量服务的消费者和非消费者进行的调查报告，目前最新发布的是2015年度测量调查报告（Measurement Survey 2015）。结果显示：① 测量能够对交通、航空、国防、工程研发、能源、化学与制药、一般制造业等起到重要的支撑作用；② 以NPL为代表的英国测量专业产品与服务广受好评，包括与测量专家合作、参与测量培训课程、进行校准、分享测量技术知识、使用测量软件与指南等[8]。

（6）亮点出版物（Publication highlights）

该服务向使用者提供国家物理实验室最近发表的、有代表性的自然科学领域论文研究，一般时间限制为一年，即提供近一年最新的一部分自然科学领域的相关研究论文，使用者可通过链接自行免费下载感兴趣的文章。该服务是从实验室出版的所有研究成果中选取有代表性的、最新的出版物[9]。

参考文献

[1] What is NPL? [EB/OL].[2017-09-01] http://www.npl.co.uk/about/ what-is-npl/.

[2] National Physical Laboratory Library[EB/OL].[2017-08-09].http://www.npl.co.uk/library/.

[3] Kamal Hossain,楚颖.如何应对未来二十年测量技术的挑战[J].中国计量,2012,10:51-52.

[4] National Physical Laboratory. Annual Review 2016[EB/OL].[2017-09-06]. http://www.npl.co.uk/publications/annual-review/.

[5] National Physical Laboratory.Guide [EB/OL].[2017-09-06] http://www.npl.co.uk/publications/guides/.

[6] National Physical Laboratory.Science Posters [EB/OL].[2017-09-06].http:/ /www.npl.co.uk / publications/ science- posters/.

[7] National Physical Laboratory. School Posters [EB/OL].[2017-09-06] http://www.npl.co.uk/posters/.

[8] National Physical Laboratory.Measurement Survey[EB/OL].[2017-12-20].http://www.npl.co.uk/publications/measurement-survey/.

[9] National Physical Laboratory. Publication highlights [EB/OL].[2017-09-06].http:// www.npl.co.uk/ publications/ highlights/.

9 中国专业图书馆

9.1 国家科技图书文献中心

9.1.1 机构概况

国家科技图书文献中心（National Science and Technology Library，NSTL）[1]是我国具有代表性的专业图书馆虚拟联合体。NSTL是我国 2000年6月组建的一个虚拟科技文献信息服务机构，成员单位包括中国科学院文献情报中心、工程技术图书馆（中国科学技术信息研究所、机械工业信息研究院、冶金工业信息标准研究院、中国化工信息中心）、中国农业科学院图书馆（信息研究所）、中国医学科学院图书馆（信息研究所）、中国标准化研究院国家标准馆和中国计量科学院文献馆共9家极具代表性的专业图书馆，另有遍布全国各地的40家地方服务站。NSTL实行理事会领导下的主任负责制，理事会是领导决策机构，由著名科学家、情报信息专家和有关部门代表组成，主任负责NSTL各项工作的组织实施；NSTL设办公室，负责科技文献信息资源共建共享工作的组织、协调与管理。

NSTL的宗旨是根据国家科技发展需要，按照“统一采购、规范加工、联合上网、资源共享”的原则，采集、收藏和开发理、工、农、医各学科领域的科技文献资源，面向全国开展科技文献信息服务。NSTL的发展目标是建设成为国内权威的科技文献信息资源收藏和服务中心、现代信息技术应用的示范区以及同世界各国著名科技图书馆交流的窗口。在发展宗旨和目标的指导下，NSTL的主要任务包括较完整地收藏国内外科技文献信息资源，制定数据加工标准、规范，建立科技文献数据库，利用现代网络技术提供多层次服务，推进科技文献信息资源的共建共享，组织科技文献信息资源的深度开发和数字化应用，开展国内外合作与交流等[2]。

9.1.2 发展规划

在我国“十三五”规划（2016—2020年）纲要的指导下，很多科学、文化、教育机构也纷纷根据自身情况制定并执行各自的“十三五”规划，NSTL也不例外。

2015年3月，NSTL立足发展现状，深刻认识到数字信息环境变革、科技信息需求变革及学术信息服务市场竞争激烈化所带来的发展挑战，意识到数字资源成为科技信息资源出版与利用的主流、信息内容丰富化和知识组织细粒化关联化成为重要趋势，而科技创新、国家科技体制改革、双创战略等都对科技知识服务提出了多方面的战略性要求，NSTL据此制定“十三五”发展规划。

9.1.2.1 发展目标

在整体战略目标下，NSTL将其发展目标分解到资源建设、空间再造、服务能力、技术基础设施建设等方面，对未来五年的发展进行规划和展望，包括：

① 深化改革，积极推进建设与服务的转型发展；

② 优化国家科技文献资源保障体系；

③ 加强国家科技文献大数据中心建设；

④ 构建基于国家科技文献大数据的开放式创客空间；

⑤ 提升中心信息服务和面向重大需求的知识服务能力；

⑥ 夯实国家科技文献保障服务体系可持续发展的基础。

9.1.2.2 建设任务

围绕六大发展目标，NSTL制定了若干项建设任务。

（1）在优化国家科技文献资源体系建设方面

① 巩固现有印本文献资源保障；

② 加强开放数字资源的集成揭示；

③ 扩展数字文献资源的协同建设与保障机制；

④ 全面实现重要数字科技文献资源的本土长期保存；

⑤ 积极推动科技信息的开放获取。

（2）在加强国家科技文献数据管理中心建设方面

① 拓展科技文献信息元数据资源多渠道采集方式；

② 开展多粒度的科技文献信息深度组织与知识揭示；

③ 实现资源深度聚合和集成可计算。

（3）在构建基于国家科技文献信息数据的开放式创客空间方面

① 积极推进中心元数据的开放利用；

② 建立支持公众开放利用的支持技术与工具体系；

③ 建立支持公众利用开放知识进行创新的服务支持机制、积极推动与其他资源或服务方联合建设开放式知识服务能力。

（4）在扩大科技信息服务能力、提升创新知识服务能力方面

① 继续夯实和扩大科技信息普惠服务；

② 加强面向创新主体的个性化资源集成和信息服务；

③ 继续深化面向国家和地方重大科技发展的知识服务；

④ 持续开展面向政府部门的决策支持服务；

⑤ 不断拓展面向企业科技创新的知识服务。

（5）在提升国家科技文献信息网络服务平台的服务能力方面

① 持续完善中心网络服务系统支撑环境；

② 继续优化中心网络服务系统；

③ 探索建立面向万维网架构的中心网络服务系统模式。

9.1.3 资源建设

如前所述，NSTL按照“统一采购、规范加工、联合上网、资源共享”的资源建设机制，面向全国提供公益的、普惠的科技文献信息保障和服务。NSTL科技文献资源保障体系主要分为四个方面，分别是印本资源保障、数字资源保障、开放资源建设和国际科学引文数据库建设。

在印本资源保障方面，NSTL持续保障高质量印本资源，全年发订外文印本科技文献超过20000种，包括科技期刊、会议录、科技丛书、科技报告、工具书、文件汇编等，其中以外文科技期刊为主，比例超过60%。

在数字资源保障方面，NSTL建立了全国开通、部分单位联合采购与开通、NSTL成员单位开通的三级保障体系，着重保障外文科技期刊、外文科技报告、中外文学位论文、中外文专利文献、中外文标准文献等。其中，NSTL收藏了自20世纪50年代至今的约160万份美国四大科技报告全文（国防部和三军系统科告、国家航空航天局报告、能源部系统报告、农业/商务/环保/海洋等政府其他部门报告），订购了超过1000种涉及汽车、医疗卫生、金融、能源、消费品、通讯等行业的咨询报告与行业简报。NSTL收藏了ProQuest公司出版的自2001年以来的70多万篇电子版优秀硕博士学位论文和400多万篇我国高校、科研院所的硕博士学位论文及博士后报告。NSTL的专利文献非常丰富，拥有来自美国、英国、法国、德国、瑞士、日本、韩国、印度、以色列、俄罗斯、加拿大及其他欧洲国家、世界知识产权组织等1970年以来公开的发明和实用新型专利文摘，也包括中国大陆和中国台湾地区的1000多万条专利数据。NSTL同时还拥有国外标准、中国标准及计量检定规程等标准文献资源记录13万余条[3]，涵盖国际标准化组织数据库以及美国、英国、德国、法国、日本等国家的标准协会标准数据库。另外，NSTL针对我国历史文献严重缺失和全国用户的需求，引进回溯数据库并在全国开通，有力地加强了对结构性缺失、低保障率文献的国家保障。

在开放资源建设方面，NSTL在制定“NSTL开放资源描述元数据规范”“NSTL开放资源遴选标准”的基础上，对开放获取的中外文期刊、会议录、科技报告、课件、学位论文、图书等资源及其元数据进行遴选、采集和组织集成。

在引文数据库建设方面，国际科学引文数据库（Database of International Science Citation, DISC）是自主建设的以科学引证关系为基础的外文文献数据服务系统。该数据库集成了NSTL外文期刊文献数据库（来自17000多种外文期刊）和优选的理、工、农、医各学科领域的部分优秀西文期刊（来自3000多种西文期刊）的引文数据，并揭示和计算了文献之间的相关关系和关系强度，为科研人员检索发现世界上重要的科技文献、了解世界科学研究与发展脉络提供工具支撑。目前该数据库包含外文期刊篇名数据1400余万条，并以年200万条的速度增长；外文引文数据5000万条，并以年3000万条的速度增长。

NSTL的印本资源、数字资源与开放资源覆盖了目前绝大部分的学科领域与行业，包括天文学与地球科学、医学、药学与卫生、农林牧渔、化工与能源、电子学与通信、土木、建筑与水利、轻工业技术、电工技术、环境科学与安全科学、数学、物理、化学、力学、生物科技、航空航天、军事、机械、仪表工业、冶金矿业、计算机、自动化、交通运输、材料科学、图书情报及其他社会科学等，能够极大地满足科学研究和科技创新对文献信息资源的需求。

9.1.4 用户服务

基于海量的文献资源，NSTL为多个学科及行业科学研究与科技创新提供文献保障服务及相关增值服务。目前，NSTL提供的服务包括如下内容。

（1）代查代借

面向注册用户提供各类型文献全文的委托复制服务，每篇文献按照NSTL内收费标准进行收费[4]。

（2）参考咨询

主要为了解决用户在查询利用科技文献过程中遇到的问题或疑问，分为实时咨询和非实时咨询两种，用户可通过实时咨询的方式在线与咨询员交流，或通过电子邮件进行非实时咨询[5]。

（3）重点领域信息门户

面向科学研究团队、科研管理工作者、情报服务人员等不同人群按领域专题定制的知识服务平台。平台基于不同领域国内外相关机构（政府机关、科研机构、学协会、科技企业、学术会议、个人主页等）网站，自动搜集、遴选、描述、组织和揭示各机构发布的重大新闻、研究报告、预算、资助信息、科研活动等，提供内容浏览、专题定制和邮件自动推送等服务，可帮助用户快速了解和掌握领域内科研发展态势，掌握同行或竞争对手的科技活动动向，发现领域重点及热点主题，把握领域发展概貌，辅助科技决策。目前已经建成纳米科技、集成电路装备、水体污染治理、可再生资源、宽带移动通信、数控机床、食品与营养、农业立体污染防治、重大传染病防治、新药创制、转基因生物新品种培育、大气污染防治、油气开发与利用、图书情报共14个领域的动态监测门户[6]。

（4）预印本服务

中国预印本服务系统由中国科学技术信息研究所与国家科技图书文献中心联合建设，是以提供预印本文献资源服务为主要目的的实时学术交流系统，是国家科学技术部科技条件基础平台面上项目的研究成果。该系统由国内预印本服务子系统和国外预印本门户子系统构成。其中，国内预印本服务子系统主要收藏的是国内科技工作者自由提交的预印本文章，可以实现二次文献检索、浏览全文、发表评论等功能；国外预印本门户子系统由中国科学技术信息研究所与丹麦技术知识中心合作开发完成，能够实现全球预印本文献资源的“一站式”检索[7]。

（5）院士著作馆

国家工程技术图书馆院士著作馆于2004年6月3日正式建成开馆，其任务是全方位收集两院院士的著作资料，弘扬院士科学精神，传播院士科学文化，为我国科技事业的发展提供丰富的高科技信息资源保障。院士著作馆目前已接收到1100多位院士捐赠的4600多部著作及近千件院士风采物品，并于2006年9月正式成为北京市科普基地和北京海淀区爱国主义教育基地。2007年，院士著作馆启动数字化及网络化体系建设工程，建设了专门的院士信息数据库，包括院士著作4600多部（其中院士学术专著2800多部）、学术论文10万多篇、指导学生的学位论文2万多篇、成果3000多项、专利6000多个及标准200多条，搭建院士信息交流、风采展示和科学文化传播的综合平台[8]。

9.1.5 开放获取与长期保存

9.1.5.1 开放获取倡议

NSTL及其成员单位一直走在我国推进科技信息开放获取的前列，对我国积极参与国际社会的开放获取行动具有推动作用。例如，2017年10月24日，中国科学院文献情报中心作为中国首家机构签署了“开放获取2020计划”（Open Access 2020 Initiative，简称OA2020）倡议的《关于大规模实现学术期刊开放获取的意向书》，着力解决全社会日益增长的创新需求与不平衡不充分的知识获取之间的突出矛盾[9]；紧接着2017年10月26日，NSTL也正式签署了该倡议意向书[10]；2018年1月19日，NSTL的又一成员单位中国农业科学院农业信息研究所也正式签署OA2020倡议意向书。

OA2020倡议由德国马普学会等机构于2016年3月21日发起，要求凡是科研机构订购了出版社期刊，该机构成员作为通讯作者在这些期刊上发表论文自动免费立即实现开放获取，由此将现有绝大部分学术期刊从订阅模式转换为开放出版。OA2020倡议邀请大学、研究机构、资助者、图书馆和出版商共同努力以快速高效地实现这一转换。世界范围内多家机构签署了加入该倡议的意向书，包括马普学会、弗朗霍夫协会、亥姆霍兹联合会、莱布尼兹联合会，加州大学柏克利分校、旧金山分校、戴维斯分校，欧洲地球科学联盟、世界气象组织，德国、荷兰、西班牙等国家科学基金，欧洲大学联盟以及德国、荷兰、意大利等大学校长会议，德国、瑞士等国科学院，以及英国、芬兰、南非、日本、韩国等国图书馆联盟等。

9.1.5.2 数字保存声明

另外，NSTL还积极推动我国图书情报界的数字文献资源长期保存。例如，2015年9月，

NSTL作为发起机构之一，联合国家图书馆、中国科学院文献情报中心、北京大学图书馆、上海图书馆等200多家各类型图书馆先后共同签署《数字文献资源长期保存共同声明》[11]。

声明主要内容包括：

① 图书馆拥有对所采购的数字文献资源进行本土长期保存的权利；

② 为切实保护图书馆对所采购知识内容的长期保存，图书馆拥有对所采购数字文献资源的合理的存档权、处理权和服务权；

③ 所有采购数字文献资源的图书馆，图书馆有权利和义务推动所采购资源在中国本土实现长期保存；

④ 图书馆充分承认和保护出版社在数字文献资源长期保存中的合法权益；

⑤ 图书馆应支持国家建立数字文献资源长期保存系统并可委托其保存自己所采购的数字文献资源，也可授权可靠的长期保存承担单位协同保存重要数字文献资源并在必要条件下向这些资源的合法用户提供公共获取服务。

9.2 中国科学院文献情报中心

9.2.1 机构概况

中国科学院文献情报中心（National Science Library, Chinese Academy of Sciences，以下简称“文献中心”）立足中国科学院、面向全国，主要为自然科学、边缘交叉科学和高技术领域的科技自主创新提供文献信息保障、战略情报研究服务、公共信息服务平台支撑和科学交流与传播服务，同时通过国家科技文献平台和开展共建共享为国家创新体系其他领域的科研机构提供信息服务[12]，具有文献服务、情报研究、科技出版、科学普及、研究生教育等多种职能，设有中国科学院武汉文献情报中心、成都文献情报中心和兰州文献情报中心（现为中国科学院西北生态环境资源研究院文献情报中心）。

9.2.2 发展规划

9.2.2.1 定位

文献中心作为我国最大的国家级科研机构图书馆，始终秉承“甘当人梯、敢为人先”的理念，坚持“融入科研、支持创新、需求驱动、持续发展”的战略定位，围绕国家科技发展需求及中国科学院“率先行动”计划，建设大数据科技知识资源体系，开展普惠的文献信息服务和覆盖创新价值链的情报服务，成为支持我国科技发展的权威的国家科技知识服务中心。计划到2020年，基本实现主动的、精准的、泛在的资源组织与知识服务。覆盖创新价值链的情报服务体系及其所依赖的数据资源、方法、工具与平台进一步拓展；院所协同的知识资源保障与情报服务机制更加健全；语义知识组织、知识关联计算、精准服务在方法上有新突破，初步具备可靠服务能力；期刊出版与科学文化传播服务初步具备辐射全院的服务能力。

9.2.2.2 重点发展方向

立足以上战略定位，“十三五”期间将以“分布式大数据知识资源体系”“覆盖创新价值链的科技情报研究与服务体系”“集约化数字出版与知识服务云平台建设与示范”为三大重点突破方向，并在这三大重点突破方向上重点培育五个子方向[13]。

（1）语义知识组织和服务

面向文献情报知识化、精准化、智能化应用需求，研究语义知识组织的技术和方法，为学科领域的知识发现、知识挖掘以及情报分析等深层次应用提供语义化知识资源以及语义知识组织工具。主要目标及任务包括：

① 构建语义知识组织加工云平台，探索智能化语义知识组织技术方法，提供科研本体、领域本体构建中知识对象、语义关系素材获取工具、编辑加工工具以及管理和服务工具；

② 建设规范化基础知识组织体系知识库，构建一定规模科研本体（人员、机构等）和学科领域构建知识本体，形成规范语义知识组织加工体系，知识库具备长期积累机制；

③ 产生1～3个具有引领性的知识服务产品，面向科研探索和科研评估两类深层次应用，提供主题发展脉络图、研究线索发现与追踪、选题分析与成果评估等应用示范系统，在业界产生重大影响力。

（2）情报分析方法体系建设

探索面向研究机构、研究团队、学科领域等的新型情报研究方法，试验建立基于专利计量、科学计量的模块化情报研究模式，建立面向（学科领域、技术主题、产业技术）生命周期的情报研究服务流程，试验开放信息、综合信息资源的大数据情报研究方法和通用可视化分析模块。主要目标及任务包括：

① 建立基于学科/技术研发/产业技术生命周期的情报研究方法与服务流程；

② 建立以科研论文为基础的模块化的学科领域评估体系，实现模块化的学科领域/学术团队/研究机构评估模式；

③ 以专利文献为基础，建立知识产权评议服务平台；

④ 探索建立通用的大数据情报分析的情报揭示与服务方法。

（3）精准信息服务

通过加强用户研究，精准识别用户和认知用户需求，构建重点用户需求模型，指导和支持学科信息与情报服务方法、模式的不断创新，努力构建针对特定用户或用户群体创新新范式的精准信息服务能力体系，高效地支撑特定用户或用户群体的知识创新活动。这一方向的主要目标包括：

① 围绕特定用户的个人学术履历、学术关系建立动态学术圈管理运行机制，建立用户需求表达模型，为精准信息服务对接提供指导与支撑；

② 建立用户学术搜索能力分阶模型，通过高阶用户的信息行为分析智能引导低阶用户信息获取能力提升；

③ 利用语义、知识本体、引文关联等技术建立知识关联，示范建设学术资源的精准检索与智能推送服务系统；

④ 建立情报资源的语义化标引体系，结合战略科学家、特定用户需求表达模型，示范建设面向特定用户或用户群体的精准情报服务系统。

（4）新型出版

重点培育期刊的开放获取出版、关联出版和语义数据出版。其中，开放出版主要探讨出版政策、质量控制机制与实现路径等；关联（数据、富媒体）出版探讨关联出版的实现路径、表现形式、运营模式等；语义数据出版通过创办数据新刊的方式，报导语义数据出版的研究进展，集成语义数据平台，规范语义数据库，建立基于科学研究的语义社区。主要目标及任务包括：

① 以《知识管理论坛（网刊）》为基础，创办知识管理与知识组织领域的大型中文开放获取期刊，建立并推广开放出版政策与质量控制机制等；

② 以《现代图书情报技术》等刊物为试点，实现基于实验的研究型论文的关联出版；

③ 创办国际首份语义数据期刊，探索语义数据论文出版规范与标准，推动语义数据开放共享，研究探索建立以期刊为桥梁集聚语义数据资源的机制。

（5）科学文献与科学数据关联融汇

建设科技文献与科学数据关联融汇应用服务，为终端用户、文献服务和数据服务系统提供文献与科学数据之间的关联服务，建设成为可持续运行的关联应用服务产品。 主要目标及任务包括：

① 从科技文献入手，在对科技文献解析基础上（包括元数据、科技论文所包含的科研实体、语义标引数据等）实现与科学数据的关联，为科技论文中的研究结论提供更丰富的佐证资料、进一步挖掘数据的潜在价值，满足用户对科技文献深度检索利用，关联获取数据的需求；

② 重点解决特定领域的科学文献与科学数据的关联，建立基于科研实体、基于元数据以及基于语义挖掘的科学文献与科学数据关联方法与示范服务系统。

9.2.3 资源建设

一方面，中国科学院文献情报系统依托中国科学院，以中国科学院文献情报中心（北京）（以下简称“院中心”）为核心，联合成都、武汉、兰州三家地区文献情报中心以及中国科学院100多家研究所图书馆进行资源共建共享和文献服务，构成了覆盖全国的中国科学院文献保障体系；另一方面，文献中心作为国家科技图书文献中心（NSTL）的成员单位之一，积极参与并承担NSTL的资源共建共享。中国科学院文献保障体系采用院所两级、三个层次的保障机制，实现全院资源的联合采购、揭示和共享。其中，院级文献资源保障以全院普遍、经常性需求的综合型数字文献资源为主；院所协同级文献资源保障以全院重点学科领域相关的、全院普遍经费投入量大的综合型数字文献资源为主；所级文献资源保障以研究所个性化核心需求的特殊资源为主；院中心是中国科学院文献保障体系的核心节点。

在印本资源建设方面，1983年开始，本着“共建共享”的初衷，院中心联合全院研究所图书馆、部分高校图书馆和公共图书馆自主建设了联合目录UNCAT，该目录系统有效揭示了400余家图书馆的480万余条各类印本文献信息资源。2013年起，中国科学院全院统一自动化OPAC系统开始建设，实现对全院馆藏印本资源的一体化建设和管理。

在商业数字资源保障方面，中国科学院文献情报系统采用“全院开通”“集团采购”“文献中心单点”等方式引进商业数字资源。截至2018年3月，全院共开通205个数据库，包括全文数据库156个、二次文献数据库20个、工具事实型数据库18个、数值型数据库7个、多媒体数据库2个，数据库资源覆盖自然科学和人文社会科学的多个领域[14]，覆盖期刊、图书、工具书、会议录、学位论文、行业报告等多种类型。

在开放资源建设方面，院中心建设了GoOA开放论文一站式发现平台，该平台根据出版质量、学术影响力、内容开放程度等评价指标，结合资源类型、学科类型、访问方式、语种、质量控制方式等遴选原则，收录了2500余种期刊的44万余篇开放获取论文、120余家开放获取出版和44万余幅图表，被北京大学图书馆、上海图书馆、中国科学院物理研究所图书馆等的高校图书馆、公共图书馆和科研院所图书馆广泛收录。

9.2.4 用户服务

作为一所大型专业图书馆，文献中心提供图书馆所能提供的几乎所有服务，包括馆际互借与文献传递、定题检索、论文收引检索、情报服务、信息素质教育、科技查新、展览与讲座、研讨与培训等。

9.2.4.1 文献保障服务

文献中心面向中国科学院120多家研究所提供以数字资源为主的知识资源保障服务。其中，用户通过统一自动化系统可检索并获取全院总分馆及100多个研究所的馆藏纸本资源；同时，依托联合目录及国家科学数字图书馆（CSDL）文献传递系统，集成全国并拓展国外的图书馆资源，提供文献检索和文献传递“一站式”信息服务，全院文献传递服务数量达到约13万篇/年。

9.2.4.2 科学文化传播与期刊出版服务

作为科技出版与传播的重要平台之一，文献中心组织出版《图书情报工作》《知识管理论坛》《数据分析与知识发现》《数据与情报科学学报》《智库理论与实践》《中国科技期刊研究》《化学进展》《中国生物工程杂志》《电子政务》《科学观察》《高科技与产业化》《天然产物研究与开发》《世界科技研究与发展》《长江流域资源与环境》《黄金科学技术》《遥感技术与应用》《地球科学进展》《天然气地球科学》共18种中英文的自然科学与社会科学期刊，对推动开放学术出版及学术交流具有积极的促进作用。尤其其中的《知识管理论坛》是纯网络学术期刊，采取立即、完全的开放获取出版模式，且于2017年2月被国际知名开放获取平台DOAJ正式收录，对科学传播、交流与出版产生了积极的学术作用和社会效果[15]。

9.2.4.3　开放获取服务

文献中心积极推动中国开放获取发展，包括出版开放获取期刊、建设机构知识库、举办开放获取相关研讨与培训等。文献中心是我国较早建设、使用和研究机构知识库的图书情报机构之一，文献中心机构知识库（NSL OpenIR）已经积累了丰富的学术资源，包括期刊论文、研究报告、会议论文、演示报告、学位论文、专著、文集等内容类型，机构知识库的浏览总量超680万次，下载总量超140万次（截至2018年3月）[16]；2016年，文献中心举办中国机构知识库学术研讨会，其他年份也积极参与其他机构举办的相关研讨与培训会。

此外，文献中心自2012年开始每年举办“中国开放获取推介周”，围绕开放出版、开放数据、开放科学等议题的推介周活动吸引了大批来自国外及全国各地科技界、出版界、图书馆界的代表和公众的广泛参与与交流互动。

9.2.4.4　情报服务

情报服务是文献中心的核心业务之一，主要包括面向决策一线提供学科战略情报、宏观科技战略与政策情报服务；面向科研一线提供融入重大专项的专题情报服务；面向产业/区域一线部署面向区域经济社会发展的集成性科技情报服务。此外，文献中心还面向产业及社会的广泛情报需求，开发相应的情报产品，为科技成果转移转化相关方的对接拓宽信息沟通渠道。

9.2.4.5　国家数字资源长期保存体系建设

文献中心不仅是《数字文献资源长期保存共同声明》的发起签署机构，也是国家数字资源长期保存体系的主要建设和实施机构之一。目前，国家数字科技文献资源长期保存体系建设进程稳定，已初步实现4000多种外文期刊的450多万篇文章，18000多种中文期刊的4800多万篇文章以及75000册外文电子书和34000册实验室指南的长期保存。

9.2.4.6　信息素质教育与研讨培训

近年来，文献中心积极通过开设课程、举办研讨与培训的方式，提高在校研究生、科研人员、图书情报从业人员及其他相关人员的科技信息素养与技能。目前，已经开展的培训服务包括先进知识服务工具与技能、知识库建设、科研数据管理、情报研究新方法性工具应用、企业信息服务、科技态势监测、电子资源使用、知识产权专员、数字出版与传播、企业园区文献情报服务、智能知识服务环境应用等专题。尤其是随着数据开放共享的兴起和数据服务的发展，文献中心还推出了科研数据管理与服务研修班、数据馆员培训班等，也吸引了不少图书情报从业人员的积极参与[17]。

9.2.5 交流与合作

文献中心广泛开展国内国际合作，国内合作几乎存在于各个板块业务的方方面面，而国际合作既有“引进来”、也有“走出去”，主要包括：邀请国外高校图书情报院系、图书馆及图书机构的专家学者访问交流；启动“骨干人员提升计划（群星计划）”，每年度资助中心骨干人员参加国际重要学术会议和赴国外先进机构进行相关领域专题研究。

除人员交流，文献中心还以会员身份持续参加国际图联（IFLA）、国际电子资源联盟（EIFL）、开放获取知识库联盟（COAR）、国际科技信息联合会（ICSTI）等国际组织的年会并完成国际组织履职。其中，2016年，文献中心入选国际图联2016年至2018年国际领导人培养计划1人；2017年，入选国际图联专业委员会常务委员（2017年至2021年）9人，涉及教育与培训、图书馆理论研究、科技图书馆、参考咨询与信息服务、信息素质、统计与评价、采访与藏书发展、文献传递与资源共享、学科分析与存取9个专业组。

9.3 “台湾研究院”图书馆

9.3.1 机构概况

“台湾研究院”是我国台湾地区最高学术研究机关，1928年成立于南京[18]。“台湾研究院”下属的研究所/中心分为数理科学组、生命科学组、人文社会科学组，包括数学研究所、物理研究所、分子生物研究所、生物化学研究所、民族学研究所、近代史研究所等30余个研究所。“台湾研究院”图书馆为该院的研究提供全方位的信息服务，除“台湾研究院”图书馆外，大部分研究所也拥有自己的图书馆（室），如经济所图书馆、地球所图书馆、生命科学图书馆等19个，详见表9-1。

表9-1 “台湾研究院”研究所图书馆（室）

组别	图书馆	所属研究所
人文组	史语所傅斯年图书馆	历史语言研究所
	民族所图书馆	民族学研究所
	人社中心图书馆	人文社会科学研究中心
	经济所图书馆	经济研究所
	欧美所图书馆	欧美研究所

（续表）

组别	图书馆	所属研究所
人文组	近史所图书馆	近代史研究所
	文哲所图书馆	中国文哲研究所
	人文社会科学联合图书馆	人文社会科学研究中心
	亚太区域研究专题中心图书室	人文社会科学研究中心
数理组	数学所图书馆	数学研究所
	物理所图书馆	物理研究所
	化学所图书馆	化学研究所
	地球所图书馆	地球科学研究所
	资讯所图书室	资讯科学研究所
	统计所图书馆	统计科学研究所
	原分所图书馆	原子与分子科学研究所
	天文所图书馆	天文及天文物理研究所
	资讯服务处图书组	资讯服务处
生命组	生命科学图书馆	生命科学组的众多研究中心

以下从人文组、数理组、生命组中分别选择一个研究所图书馆进行简要介绍。

9.3.1.1 历史语言研究所傅斯年图书馆

（1）概况

历史语言研究所创建于1928年，历史语言研究所傅斯年图书馆[19]以其曾任所长傅斯年而命名。傅斯年是著名的历史学家、古典文学研究专家、教育家、学术领导人，也是历史语言研究所的创办者。为表达对傅斯年的纪念，历史语言研究所图书馆命名为傅斯年图书馆。该图书馆的收藏范围以历史学、文字学、考古学、人类学以及文籍考订之学为主，另外有关中国古代科技史、生命医疗等的古农书、医书资料也很丰富，各类藏书共计84万余册。

（2）特色资源收集整理与开发利用

傅斯年图书馆的特色之一在于其丰富的历史资料馆藏，该馆保存有大量的善本图籍、古籍线装书、金石拓片和俗文学资料名人档案与史语所档案、政治信函等珍贵的档案资料，此外还藏有民俗医疗、驱魔去邪、求子还愿、天地与人类起源等具有民族特色的资料。在丰富的、具有特色的馆藏资源的基础上，傅斯年图书馆还十分注重对资料的整理与开发利用，建立了富有历史特色的网站，具体如下。

① 名人纪念室：创办以研究所著名研究员名字命名的纪念室，例如傅斯年纪念室、董作宾纪念室、屈万里纪念室等，纪念室内保存着相关人物的生平资料。其中最为著名的当属傅斯年纪念室，室里陈列着傅斯年先生各个时期的作品，纪念室还实现了在线游览功能，便于参观者全方位了解展品情况。

② 赠书人纪念网站[20]：在图书馆的官方网站建立了专门的赠书人纪念网站，为十余位

赠书人分别建立个人网站，网站包括各位赠书人的生平经历、所赠书目、著作目录、纪念文集等内容，以示感谢和纪念。

③ 敦煌文献网站[21]：介绍馆藏敦煌文献的详细情况和相关档案资料，与国际敦煌项目接轨。傅斯年图书馆不仅将馆藏的敦煌文献图片与相关资料公布在图书馆网站供研究者参考使用，还将其提供给国际敦煌项目的资料库进行国际共享。

④ 古汉籍善本数字化资料库国际合作计划：该计划由傅斯年图书馆统筹，参与馆还有美国国会图书馆亚洲部、普林斯顿大学东亚图书馆、哈佛大学哈佛燕京图书馆。该资料库以傅斯年图书馆的数字典藏系统和相关资料为基础，其他参与馆提供善本书数字影像，并负责后续的资料补充，目前已实现免费开放。其中，傅斯年图书馆提供明人别集及清代方志；美国国会图书馆提供王府钞本及清人别集孤本和善本；普林斯顿大学东亚图书馆提供古医书、明清别集、明代编纂文学总集及其他善本；哈佛燕京图书馆提供独有孤本，内容包罗万象。通过国际间的合作，不仅可以维护保存善本，还可以促进文化交流和资源开放共享。

（3）数字化战略

傅斯年图书馆的数字化战略备受关注，对其他图书馆具有实际的借鉴作用。傅斯年图书馆逐渐转变以往过于注重对善本古籍的维护与保存的状态，目前更加侧重于善本古籍的流通、利用与推广，以使作为珍贵文献资源的古籍能得到最充分的利用。考虑到善本图籍的保存和流通问题，同时为了给读者提供更方便、更迅速的检索，从1988年傅斯年图书馆便开始使用光碟来储存馆内善本图籍并建立书目和影像对应的资料库，按照一定次序将其扫描，最终完成善本书光盘影像计划。

1996年，傅斯年图书馆构建了善本书全文影像系统，通过该系统可以查询全文检索书目记录，查询书名、著者、序跋者、刻书者、手书题记者、藏印等，并可列印检索结果，同时阅览、列印全文影像。1999年傅斯年图书馆善本书目全文资料库建立，各界人士可以从网站上浏览善本图籍影像。2000年，该馆又增加了馆藏善本书、古籍线装书、金石拓本、俗文学等书目资料，建立傅斯年图书馆珍藏善本图籍书目资料库，读者可依据主题检索或跨资料库检索相关资料。2004年，为提供更加系统和全面的资源，傅斯年图书馆建立了傅图数字典藏系统，对资源进行整合与利用。近年来，该馆不断提升数字典藏资料的质量，并持续更新。

2000年开始，为配合“数字典藏计划”，善本书光碟影像计划的原件扫描都改为全彩方式，档案的解析度至少为300 dpi，并且以无压缩的方式储存，数字典藏资料库的质量逐渐提高，以期符合相关规范，并与合作馆共同商讨最优化的规格与标准。2001年，该馆开始着手进行“数字典藏计划”，确定之后的目标和方向，共分为两期来进行数字典藏的建设。2002年起的五年内完成傅斯年图书馆善本图籍的全数数字化与网络全方位利用，并进行数字技术、档案管理、内容分析、利用教育、学术研究等多方面的标准建立与永续发展，并与国际接轨。中短期目标是提高数字化的产能和质量，提升品质与服务。第一期开始，傅斯年图书馆建立了善本图籍数字典藏计划、傅斯年图书馆数字典藏系统等入口网站及傅斯年图书馆善本古籍数字典藏系统、傅斯年图书馆藏印记资料库、傅斯年图书馆空间资讯系统等系统；并且举办古籍数字典藏研讨会，发表相关论文，同时拟定了多项数字典藏作业规范及标准。第二期开始，以本馆既有的数字典藏成果为基础，利用数据挖掘技术重新组织资源，建构善本古籍的国际知识网络。该馆结合各类汉学研究资源、学者专家、研究机构等，建立了善本古籍国际学术交流平台，作为国际汉学研究合作的基础；结合电子出版平台实现线上即时出版，以保障研究成果发表的时效性。另外，傅斯年图书馆与所内的研究主题和科普教育相配合，邀请海内外学者专家参与到善本古籍的国际学术网络建设之中。

9.3.1.2 数学所图书馆

数学所图书馆成立于1948年，馆藏资源大多是英文版本的数学领域的书籍，此外还引进数字电子资源和资料库，紧随时代发展潮流。该馆注重馆际合作服务，与数十个国家地区、500多所学术及研究机构维持出版品的交换赠送，负责为本区域图书馆采购Springer-Verlag、AMS、SIAM等电子资源。

9.3.1.3 生命科学图书馆

生命科学图书馆成立于1996年，最初是由分子生物研究所、生物化学研究所、生物医学研究所、植物暨微生物学研究所和细胞与个体生物学研究所的五所图书室联合形成的，主要的服务对象是生命科学组的几个研究所，馆藏资源涉及生物学、医学、化学等领域。

9.3.2 重点馆藏与特色资源

9.3.2.1 人文组研究所图书馆馆藏重点及特色

（1）历史语言研究所图书馆

据统计，历史语言研究所图书馆馆藏重点在历史、语言、古文字、考古、人类学、文籍考订、东方学等方面，主要特色馆藏包括：

① 善本图籍49834册（件），主要为宋、元、明及清初刊本、稿本、名人批校本、手钞本、绘写本等；

② 古籍线装书127786册，主要为清代及民初本，以史部与集部居多；

③ 金石拓片约40000幅，以汉代画像、佛教造像、汉至清代墓志碑铭等居多，并有器物类全角拓；

④ 俗文学数据12000余件，分为戏剧、说唱、杂曲、杂耍、徒歌及杂著六大类，现藏善本室；

⑤ 档案数据42494件，含丁文江、毛子水、傅斯年、陶希圣、杭立武、梁思永、王崇武、杨联升等名人档案及历史语言研究所档案数据；

⑥ 少数民族资料，畲族、苗族、彝族、纳西族、傣族等少数民族文书869种，另有藏文文书约200件及华南少数民族图录10种。

（2）民族学研究所图书馆

民族学研究所图书馆重点收藏民族学、社会学、心理学、台湾世居民族、宗教研究、比较文化、医疗与社会科学、华人研究、族群关系等领域的资源，资源覆盖中国各民族、至东亚、东南亚、北美、加勒比海乃至于大洋洲地区的研究资料，其中特色馆藏包括日本殖民时期有关中国台湾的资料、宗教调查资料、寺庙台账、土地申告书、古文契书、善书、族谱、道教经书等。

（3）近代史研究所图书馆

近代史研究所图书馆为配合该所研究工作需要，馆藏资源以近代中国史为主要范围且以大陆出版物为主，包含专著、期刊及微缩资料等，尤以各地方志和文史资料、妇女史、口述历史、胡适研究、清宫文书档案等为重点。其中的特色资源包括清代及民初线装书、英国外交解密档案、海关报告、近代史研究相关电子数据库。

（4）经济研究所图书馆

经济研究所图书馆主要收藏经济学有关文献及台湾地区各种官方统计资料，其中特色资源主要有台湾地区各类官方统计资料、台湾地区各县市统计要览、国际货币基金组织、经济与发展合作组织、联合国等国际组织的部分统计资料。

（5）人文社会科学研究中心图书馆

人文社会科学研究中心图书馆的馆藏收藏重点领域为政治思想、海洋史、制度与行为、考古学、亚太区域、调查研究、卫生史、科技与人文价值、东亚经贸发展、大脑认知与行为科学、地理信息科学、历史人口、华人家庭动态等，其中的特色资源包括美洲华文报纸（微缩片）、日本统治时期资料、近代长崎华商商业文书复制本70册、近代长崎华商商业账簿微卷、亚太地区海洋地图等。

（6）中国文哲研究所图书馆

中国文哲研究所图书馆重点收藏了中国古典文学、中国近现代文学、中国哲学、经学文献、比较哲学、汉学研究等领域的资源，其中特色馆藏包括线装书（含善本及古籍）、19世纪之英文汉学古籍、佛学和汉学研究及莎士比亚研究外文图书、妇女研究中外文图书、四库全书各系列丛书、日本儒学原典、中国方志丛书、藏经各系列丛书、China and Protestant Missions专题微缩卷片、Van Gulik Collection中文图书专题微缩卷片、韩国文学丛书等。

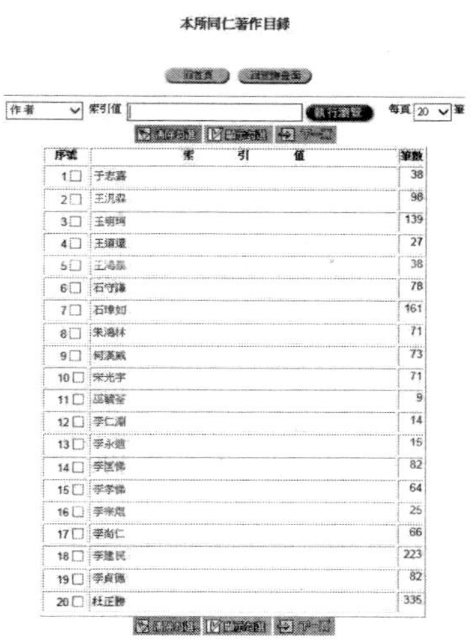

图9-1　历史语言研究所同仁著作目录特色数据库

9.3.2.2　院内特藏资源

“台湾研究院”图书馆及各所图书馆提供的服务主要包括印本资源、电子资源、网络资源、特藏资源等的获取与利用。“台湾研究院”图书馆系统的特藏资源十分丰富，主要包括“台湾研究院”院内同仁著作目录、资料库/语料库、院内出版物三大类别，其中院内同仁著作目录如历史语言研究所同仁著作目录（见图9-1）、民族学研究所同仁著作目录的2个特色数据库，资料库/语料库资源如“台湾研究院”民族学研究所典藏宗教善书数据库、史语所藏内阁大库档案、汉籍电子文献、“台湾研究院”近史所典藏地图数字化影像查询系统、“台湾研究院”近史所档案馆馆藏检索系统、台湾地区本土植物数据库（见图9-2）等共16个特色数据库，院内出版物包括历史语言研究所集刊、数学集刊、信息科学研究所技术报告、期刊《台湾社会学研究》在线目录（见图9-3）共11个特色数据库[22]。

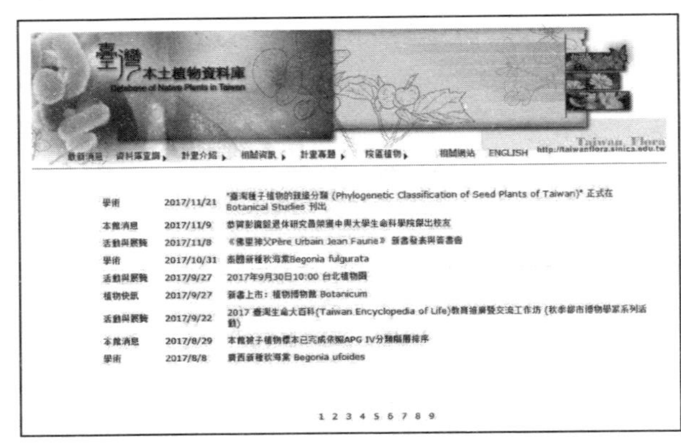

图9-2　台湾地区本土植物数据库

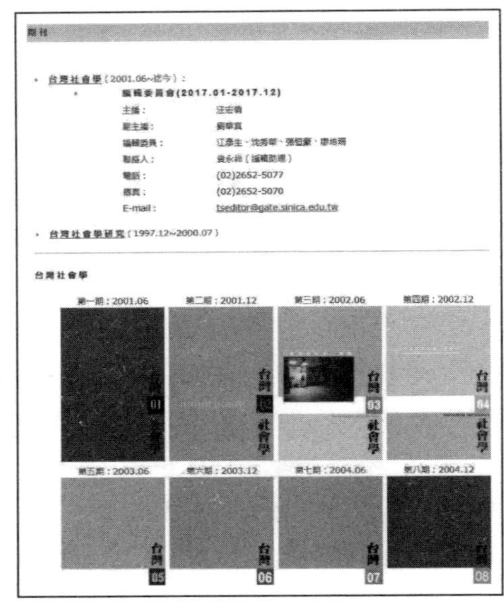

图9-3　期刊《台湾社会学研究》在线目录

9.3.3　图书馆服务

除提供图书借阅、文献传递等基础服务外，“台湾研究院”还通过资源整合、开放获取导航、引导学术论文写作等方式支持用户的学习与研究。

9.3.3.1　联合目录查询与“一站式”发现系统

“台湾研究院”图书馆以summon2.0系统为原型提供“一站式”资源检索与发现，并提供联合目录以及台湾地区主要公共图书馆、专业图书馆、大学图书馆目录的链接供用户查询。其中联合目录包括全国图书书目资讯网、全国学术电子资讯资源共享联盟（CONCERT）、台湾大学图书馆整合查询馆藏系统、国内学术电子期刊系统、全国期刊联合目录暨馆际合作系统、 CONCERT电子期刊联合目录、科技资讯网络整合服务系统、OCLC WorldCat等。台湾地区大型公共图书馆包括国家图书馆、台湾图书馆；台湾地区专门图书馆主要包括汉学研究中心、工业技术研究院图书馆等；台湾地区大学图书馆目录包括台湾大学、政治大学、成功大学等共23所[23]。

9.3.3.2 开放获取资源导航

开放获取的理念与实践已经深入到了图书馆发展与服务的各个方面，“台湾研究院”图书馆也通过对全球开放获取资源进行导航的方式为用户提供服务，主要包括对以下开放获取资源网站的导航和简要介绍：

① 开放获取知识库名录（The Directory of Open Access Repositories，OpenDOAR）；

② 开放获取知识库注册系统（Registry of Open Access Repositories，ROAR）；

③ 开放获取期刊名录（Directory of Open Access Journals，DOAJ）；

④ 开放获取英文语种期刊门户（Open J-Gate）；

⑤ 斯坦福大学图书馆创立的出版社HighWire Press；

⑥ 生物医学信息中心（PubMed Central，PMC）；

⑦ 在线科学电子图书馆（The Scientific Electronic Library Online，SciELO）[24]。

9.3.3.3 网络资源推荐

为全方位地满足用户学习、研究的需求，“台湾研究院”图书馆还为用户筛选了部分优质的网络资源加以推荐以便用户查阅及在线购买，主要包括学术研究机构与网络书店名录[25]。其中，学术研究机构包括台湾地区各级科研机构、大学院校、科技发展相关法人机构（如工业技术研究院）、创新育成中心（如辅仁大学创新育成中心）以及收录4000多家国外主要学术机构的“学术社区项目”（Scholarly Societies Project）网站，用户可按照学科、国家、语种、创建日期等进行查找。网络书店名录及其简介包括美国最大的线上书店亚马逊（Amazon）、美国最大的连锁书店/出版社和网络书店之一Barnes Noble、美国书店协会（American Booksellers Association）、中国书库、博客来等。

9.3.3.4 研究与写作支持

为支持用户更规范地进行文献引用，“台湾研究院”图书馆推荐了图书、期刊、视听资料、网络资源等不同类型资源及其不同风格的引用规范，包括常见的APA（American Psychological Association）style、CGOS（Columbia Guide to Online style）、人文社会科学领域常用引用格式Chicago style、电子信息引用指南（如引用电子邮件、在线期刊文章、在线报纸文章、在线参考书、网站等）[25]。

为支持用户更规范、高效地进行英文学术写作，“台湾研究院”图书馆提供相关经典著作、第三方写作服务与学习课程链接、投稿著作权指南链接等资源，如英文写作用法与原则的经典著作《英文写作指南》（The Element of Style）、美国罗格斯大学教师所著的在线指南《Guide to Grammar and Style》、美国普渡大学写作实验室提供的在线写作指引、SHERPA提供的投稿著作权指引等[25]。

9.3.3.5 网络服务及其他

总体而言，“台湾研究院”图书馆的服务更加偏向于支持院内的科学研究，但也为院外的有关研究同仁和爱好者提供学术支持和资料服务，面向全社会提供服务。

从资料获取渠道的服务方式来看，通过查询院内图书馆线上资料库的名称、主题简介、收录年代等信息，可以很方便地找到所需资料库。在图书馆网页中，提供了多样化的资料查找方式；而指定资料则可按照学科主题，也可根据首字母和首字母笔画；同时，还提供了日语、法语、德语等不同语言的查询功能，方便国际读者的查阅。

在服务内容方面，“台湾研究院”图书馆充分利用网络开展信息服务。众所周知，网络信息应有尽有但鱼龙混杂，并非每位读者都能够顺利查找到所需信息。而图书馆可以利用网上丰富的信息资源为读者提供多方面的信息服务。有的研究所图书馆将一些政府信息、社会关注信息和网络热点信息也收集在图书馆资源中，同时将用户使用图书馆的记录信息和搜索网络的行为信息作为数字图书馆的采集资源。一些学术研讨会资料和名人的纪念室也成为图书馆重要服务内容。同时，“台湾研究院”图书馆注重加强与本国及世界各国图书情报机构的密切协作，实现跨行业、跨地区的图书馆与情报合作，真正实现了图书馆资源的共建与共享。大数据时代下，“台湾研究院”图书馆把握数字资源建设，紧跟时代潮流，并且不断提升基于用户需求的服务能力。

在服务的安全性方面，“台湾研究院”图书馆此前使用的藏书管理系统Innovative公司的Millennium系统存在着信息安全性较弱的缺点，因此“台湾研究院”正在评估符合图书管理业务需求的新兴产品，为广大读者提供便捷而且安全的信息服务。

9.3.4 院内图书馆馆际协调会

值得关注的是，“台湾研究院”及各所图书馆成立了“院内图书馆馆际协调会”，不仅为研究所数量较多的数理组和人文组成立“数理组各所图书馆馆际协调会”“人文组各所图书馆馆际协调会”，还成立了“图书馆自动化作业小组”，并分别设立“系统管理组”“编目小组”“采购&期刊小组”“流通小组”“系统评估小组”等多个小组。馆际协调会在交换信息、馆际合作、整合资源、节省经费、共享电子资源网络、共同采购、馆藏合作发展、经费分摊、读者服务及联合对外维护各馆权益方面，具有十分重要的作用并取得了较为显著的成效，也值得中国科学院及其各所的图书馆参考借鉴。

9.3.4.1 “图资相关电子资料库”业务会议记录

“台湾研究院”图书馆较为完整地保存并公开了“台湾研究院”图书情报相关的年度工作会议资料，包括2008—2017年全院图书馆年度会议通知、会议记录及相关统计资料（如经费表、服务器清单、各所购买的数据库年度使用次数统计等）以及“图资相关电子资料库采购与运维评估小组”的年度会议记录及相关统计资料（如数据库EBSCO、OCLC WorldCat、ScienceDirect、Journal Citation Reports、Web of Science核心集及联合知识库等的使用统计），以供各方备忘和参考[26]。

9.3.4.2 人文组各所图书馆馆际协调会

人文组各所图书馆馆际协调会开始于1995年的“午餐联谊会”，于1996年正式改称为“人文各所图书馆馆际协调会”，并确立了会务运作的组织章程。人文各所图书馆馆际协调会定期举行，就共同主题进行讨论并就馆务广泛交换意见，每次会议均制作成文档记录以供各所图书馆备忘和参考。

自成立以来，人文组各所图书馆馆际协调会轮流召开例会、不定期举办馆员培训，在编目、合作采购、阅览流通、资源统计、绩效评估等方面广泛开展合作活动并取得了较为明显的成效。具体合作领域包括期刊目录建档、中日韩文期刊馆藏联合目录、回溯建档、书刊采购、院藏合作发展、西文期刊现刊共同采购、西文期刊代理商及服务收费原则评估、电子资料库分工采购、影印收费政策、馆际书刊阅览流通政策制定及实施、阅览服务规章研议、图书馆借阅权限政策修订、电子资料库使用统计及评估、与院外馆际互借办法研订、加利福尼亚州立大学洛杉矶分校东亚图书馆馆际复印服务、图书馆自动化管理与绩效评估、图书馆馆藏资源统计、协调会网页维护更新、人文社会科学大楼图书馆规划等[27]。截至2017年12月，人文组各所图书馆馆际协调会共召开了161次例会，并自第70次例会开始公开会议记录共计92次[28]，详细展现了人文组各所图书馆共同提出问题、解决问题的发展过程。

9.3.4.3 图书馆自动化作业小组

图书馆自动化作业小组下设系统管理组、编目小组、采购&期刊小组、流通小组、系统小组，各小组定期召开工作会议并保存、公开会议记录，同时还不定期进行新系统的培训教育工作并公开培训所使用的讲义。目前，系统管理组共公开22次会议记录资料[29]；编目小组1999年以来共召开会议53次（截至2017年8月会议），并公开了其中的50次会议记录资料，共发布教育培训讲义3份[30]；采购&期刊小组共公布会议记录8次（1993—1996年），教育培训讲义8份（2002年和2007年）[31]；流通小组共公布会议记录15次（1994—2008年），教育培训讲义5份（2002年和2007年）[32]；系统评估小组公布规划书1份（1999年）、图书馆自动化系统评鉴报告1份（1999—2002年）、自1999年至2001年共23次会议的全部记录[33]，这些资料不仅能够用于图书馆自动化作业小组备忘，也对其他图书馆具有参考价值。

9.3.5 面临的挑战和战略部署

9.3.5.1 图书馆面临的挑战

在网络化、数字化环境下，“台湾研究院”图书馆的发展也面临着空间紧张、资源整合、人才建设等方面的困难和挑战。

① 近年来，“台湾研究院”图书馆面临着馆藏空间日趋饱和的问题，同时电子资源数量及服务发展快速，在这一趋势下如何平衡纸质资源与电子资源成为图书馆面临的难题。

② 随着数字化图书馆的发展，仅仅将资源数字化并不能满足数字化时代的需求，还有可能加重检索的负担并降低效率，如何合理地整合资源是对图书馆的一大挑战。而“台湾研

究院”图书馆使用的藏书管理系统比较老旧，存在信息不安全的隐患，因此需要更有效的方式来对馆藏资源进行管理。

③ 普遍来看，“台湾研究院”图书馆缺乏计算机领域和数据库的高级人才，人才的招募和培养也是图书馆可持续发展的挑战之一。

9.3.5.2 图书馆战略部署

（1）增强读者个性化服务

随着用户需求的多样化和信息资源分布的离散化，各大图书馆逐渐改变了服务的模式，从以“自我为中心”的被动服务发展到以“用户为中心”的主动服务[34]。在此大趋势下，提高图书馆的个性化服务势在必行，几乎所有图书馆都设置有个人借阅服务记录，通过特定账号登录，便可以查询自身的浏览历史，并且提供获得多项个性化服务功能。通过自助服务与图书管理员的介入帮助，更有针对性地对读者进行推荐，随时满足研究人员的信息需求，发挥学术图书馆支持研究的功能，不但节省了时间而且提高了效率。

（2）丰富馆藏资源、链接外部资源

“台湾研究院”图书馆不断丰富其馆藏图书资源，积极进行图书的采购工作，并且与其他图书馆进行了图书资源的交换和赠送，图书资源日渐多样化和全面化；另外，还提供海内外图书馆资源、开放获取资源、预印本资源、网络资源的链接以方便用户获取资源。用户可通过“台湾研究院”图书馆网站访问到e-Print资源网站的入口，e-Print是学术研究论文的电子化出版品，包含“pre-prints”（出版前或预印本）与“post-prints”（已出版）两种电子出版形态。涵盖的文献种类有期刊论文、会议或简报资料、书籍章节、技术报告或任何其他的电子出版品形式，极大地丰富了线上的资料库。

（3）实施数字化战略

随着网络技术的普及，为了加强对图书馆资源的保存同时提升研究人员有效利用资源的便捷性，“台湾研究院”图书馆积极响应“数位典藏计划”，积极购置“台湾研究院”研究所相关的电子资源，来支持学术科研活动。以数字的方式来处理资料，并且对元数据进行描述，以数字档案的形式储存。数字典藏中一项重要的工作就是对资料进行诠释，除了储存资料本身的内容以外，也包括资料的背景、属性信息等介绍，这样才能给储存的资料增添更多价值，也真正达到典藏的目的[35]。

（4）加强馆际交流与合作

在信息技术高速发展的今天，个人对于要索取的图书信息并不是仅仅由单独的某个图书馆就可以提供，需要依靠国内外的各类图书馆。因此，读者所希望的是图书馆拥有快速全面占有信息资源的能力。馆际间的合作是图书馆资源获取的重要途径之一，“台湾研究院”图书馆与国内各大学图书馆及学术研究机构进行积极的交流与合作。同时，在图书馆官网主页提供了一些国内外知名图书馆的链接，读者可以很方便地查阅到更多资料。馆际间的交流不仅可以在增加图书馆资源方面取得进展，还能提升图书馆的创新服务。

（5）学术研究战略

举办学术交流会议是高校以及研究所的图书馆加强科研工作的重要体现，也是工作人员提升水平的重要机会。“台湾研究院”图书馆及各所图书馆中经常举办学术研讨会或者学术讲座等研究活动，此类活动也将成为图书馆工作人员与其他科研人员建立起沟通的桥梁，方便学术交流和继续教育工作的展开，也促进图书馆业务工作的发展。

（6）图书馆特色化战略

图书馆要想取得长久的发展，就需建立并维持自己的特色，才能在众多图书馆中脱颖而出。“台湾研究院”图书馆群中保存着许多特有的资料库和语法库，这是该图书馆群的一大特点。尤其是著名的傅斯年图书馆，馆中保存着丰富的历史资料，包括大量的善本图籍、古籍线装书、金石拓片和俗文学资料，此外，一些档案包括名人档案与史语所档案、政治信函也囊括其中，这是宝贵的历史财富，也是傅斯年图书馆最明显的特色。

参考文献

[1] 国家科技图书文献中心[EB/OL].[2018-03-28].https://www.nstl.gov.cn/.

[2] 国家科技图书文献中心.关于我们[EB/OL].[2018-03-28].https://www.nstl.gov.cn/nstl/facade/aboutus.jsp.

[3] 国家科技图书文献中心.文献检索[EB/OL].[2018-03-28].https://www.nstl.gov.cn/facade/search/preRetrieve.do?act=toCommonRetrieve.

[4] NSTL代查代借[EB/OL].[2018-03-28].https://www.nstl.gov.cn/nstl/facade/searchBorrow/index.jsp.

[5] NSTL参考咨询[EB/OL].[2018-03-28].http://www.nstl.gov.cn/anyask/ask.html?key=nstl.

[6] NSTL重点领域信息门户[EB/OL].[2018-03-28].https://www.nstl.gov.cn/nstl/facade/hotweb.jsp.

[7] NSTL预印本服务[EB/OL].[2018-03-28].http://www.nstl.gov.cn/preprint/main.html?action=intro.

[8] NSTL院士著作馆[EB/OL].[2018-03-28].http://www.istic.ac.cn/nstl-Academician.aspx.

[9] 文献情报中心率先签署OA2020倡议意向书 加快实现更平衡更充分的知识获取[EB/OL].[2018-03-29].http://www.las.cas.cn/xwzx/zhxw/201710/t20171027_4879577.html.

[10] NSTL签署OA2020倡议意向书[EB/OL].[2018-03-28]. https://www.nstl.gov.cn/facade/news/newsInfo.do?act=toNewsContent&id=127103.

[11] 数字文献资源长期保存共同声明[EB/OL].[2018-03-28]. https://www.nstl.gov.cn/facade/news/newsInfo.do?act=toNewsContent&id=127244.

[12] 中国科学院文献情报中心机构概况[EB/OL].[2018-03-28].http://www.las.cas.cn/gkjj/.

[13] 中国科学院文献情报中心发展规划[EB/OL].[2018-03-28].http://www.las.cas.cn/gkjj/fzgh/201710/t20171027_4879132.html.

[14] 中国科学院文献情报中心数据库[EB/OL].[2018-03-29].http://www.las.ac.cn/browse.do?action=database_search.

[15] 知识管理论坛[EB/OL].[2018-03-29].http://www.las.cas.cn/xscbw/zsgllt/.
[16] 中国科学院文献情报中心机构知识库[EB/OL].[2018-03-29].http://ir.las.ac.cn/.
[17] 中国科学院文献情报中心培训服务[EB/OL].[2018-03-29].http://peixun2017.csp.escience.cn/dct/page/1.
[18] “台湾研究院”图书馆服务[EB/OL].[2017-08-04].http://aslib.sinica.edu.tw/.
[19] 傅斯年图书馆[EB/OL].[2017-08-05].http://lib.ihp.sinica.edu.tw/.
[20] 傅斯年图书馆赠书人纪念网站[EB/OL].[2017-08-05]. http://lib.ihp.sinica.edu.tw/03-rare/MWSP/index.htm.
[21] 傅斯年图书馆敦煌文献网站[EB/OL].[2017-08-05]. http://lib.ihp.sinica.edu.tw/03-rare/dunhuang/index.htm.
[22] “台湾研究院”图书馆.院内特藏资源[EB/OL].[2017-12-25].http://aslib.sinica.edu.tw/special/special1.html.
[23] “台湾研究院”图书馆.其他图书馆目录[EB/OL].[2017-12-25].http://aslib.sinica.edu.tw/otherlibs/otherlibs1.html.
[24] “台湾研究院”图书馆.Open Access[EB/OL].[2017-12-26].http://aslib.sinica.edu.tw/eprint/eprint1.htm.
[25] “台湾研究院”图书馆.网络资源[EB/OL].[2017-12-26].
[26] “台湾研究院”图书馆.图资相关电子资料库业务会议[EB/OL].[2017-12-26].http://aslib.sinica.edu.tw/introduction/intro1.html.
[27] 人文各所图书馆馆际协调会.成员、活动与成果[EB/OL].[2017-12-25].http://proj1.sinica.edu.tw/~libhome/lib/act.htm.
[28] 人文各所图书馆馆际协调会.协调会会议记录[EB/OL].[2017-12-25].http://proj1.sinica.edu.tw/~libhome/lib/record.htm.
[29] “台湾研究院”图书馆.系统管理组[EB/OL].[2017-12-25].http://aslib.sinica.edu.tw/introduction/sys/sys.html.
[30] “台湾研究院”图书馆.编目小组[EB/OL].[2017-12-25].http://aslib.sinica.edu.tw/introduction/cat/cat.html.
[31] “台湾研究院”图书馆.采购&期刊小组[EB/OL].[2017-12-25].http://aslib.sinica.edu.tw/introduction/acq/acq.html.
[32] “台湾研究院”图书馆.流通小组[EB/OL].[2017-12-25].http://aslib.sinica.edu.tw/introduction/cir/cir.html.
[33] “台湾研究院”图书馆.系统评估小组[EB/OL].[2017-12-25].http://aslib.sinica.edu.tw/introduction/automatic/auto.html.
[34] 宋蓓玲, 侍霞. 信息资源数字化与信息服务个性化——高校图书馆面对挑战的思考与对策[J].现代情报, 2006, 26(11):8-9.
[35] 黄秀燕,储旭英.台湾数字典藏产业发展近况[J].海峡科技与产业,2015,(08):36-42.

10 专业图书馆发展特点及未来展望

10.1 所调研专业图书馆分类

以上共调研了8个国家（地区）的16所专业图书馆，根据各图书馆的特点可大致分为以下4类，各类图书馆在资源建设、用户服务等方面各有重点、各有特色。

（1）国家级科学/专业图书馆

该类图书馆既具有国家图书馆或相当的地位，又具有专业图书馆属性，是面向全国提供科技信息资源服务的专业图书馆，包括：德国国家科技图书馆、德国国家医学图书馆、俄罗斯国立公共科技图书馆、美国国家医学图书馆、美国国家农业图书馆、加拿大国家科学图书馆、中国科学院文献情报中心。

（2）国家（地区）级研究机构内部大中型专业图书馆

该类图书馆服务于国家级研究院及其所属各研究所，通常由研究院图书馆在较宏观的层面统筹协调各研究所图书馆的资源建设与用户服务，包括：澳大利亚联邦科学和工业研究组织图书馆、“台湾研究院”图书馆。

（3）国家级及以下研究机构内部小型专业图书馆

该类图书馆专门服务于某一具体研究机构，包括：美国国家标准与技术研究院图书馆、英国国家物理实验室图书馆、澳大利亚地球科学局图书馆、日本国立情报学研究所图书馆、日本原子能研究开发机构图书馆。

（4）专业图书馆虚拟联合体

该类“图书馆”是多个图书馆组成的虚拟联合体，通常各成员图书馆将资源进行整合、共享并联合提供服务，包括：加拿大联邦科学图书馆、国家科技图书文献中心。

10.2 专业图书馆整体发展特点

根据前文调研发现，以上专业图书馆整体发展具有以下特点。

10.2.1 以支持研究为核心使命

支持研究是专业图书馆最为核心的使命，各图书馆都紧紧围绕这一使命明确发展方向、制定发展策略、采取行动计划。例如，欧洲研究图书馆协会（LIBER）未来五年的战略方向便包括“图书馆作为研究基础设施合作伙伴”“图书馆作为创新性学术交流平台”；德国国家科技图书馆的战略方针包括“支持研究与科学”“知识开放获取”“开展研究活动”；加拿大研究图书馆协会把“推动研究”作为未来几年首要的战略方向。

10.2.2 重视战略规划

战略发展规划是图书馆发展目标、发展方向、行动计划的原则和依据，往往能够从“顶层设计”的全局角度对图书馆发展实践进行指导。目前图书馆的战略规划主要分为两类：一是从图书馆联盟／协会／学会等联合体的角度进行定位、规划和展望，并对各成员图书馆起到指导、促进作用，如欧洲研究图书馆协会、加拿大研究图书馆协会、澳大利亚图书馆与信息协会等；二是较大型图书馆根据自身功能定位、历史使命而制定的战略规划，如德国国家科技图书馆、美国国立医学图书馆、“台湾研究院”图书馆等。

10.2.3 强化优势、体现特色

较之于公共图书馆和高校图书馆，专业图书馆服务对象范围更集中，因此在资源、服务方面的特点也更鲜明，其中大中型专业图书馆从基础设施、资源建设到用户服务，发展实践体系较为完善，而中小型专业图书馆则更多的是突出特色、小而精深。

（1）资源特色

根据调研，专业图书馆的资源特色主要体现为学科特色、资源多样性特色和资源稀缺性特色。

① 学科特色体现在两个方面，一是大型专业图书馆能够较为全面、系统地收藏其所在学科领域的文献信息资源并形成学科体系特色，如德国国家医学图书馆广泛收集生命科学、医学、营养等相关领域的资源，是欧洲最大的医学图书馆，也是世界卫生组织的德国文献中心，而美国国立医学图书馆是世界上最大的医学图书馆，美国国家农业图书馆是世界上最大的农业图书馆；二是中小型专业图书馆充分保存、挖掘、利用所在母体机构的研究成果和其他出版物而形成的本地资源特色，如加拿大国家科学图书馆是汇集加拿大研究理事会所属研究机构产生的研究成果而建设的机构知识库，澳大利亚联邦科学与工业研究组织图书馆是为该机构所产生的研究出版物而建设的机构知识库。

② 资源多样性特色表现为拥有与获取、载体类型、内容类型等的多样性，数字环境下专业图书馆除了拥有馆藏资源，还能获取开放资源；除了文本资源，还有音像、图片等非文本资源；除了图书、期刊、报纸等资源，还有广泛的数据、视频、软件、代码、航拍图片等

资源，如加拿大联邦科学图书馆“一站式”发现系统可检索40种资源类型。

③ 资源稀缺性特色表现为专业图书馆在其建设发展的历程中通过采访、接受捐赠、历史遗留等途径积累的具有较高价值的档案、手稿、政府文件等资源，如澳大利亚地球科学局图书馆的机密档案及1950年前后的石油搜索补贴法相关出版物，“台湾研究院”图书馆及各研究所图书馆的古籍善本、金石拓片、档案、海关报告、地方志等资源。

（2）服务特色

根据调研可知，大中型专业图书馆的服务体系较为完善、服务内容呈现多样化特点，如德国国家科技图书馆、德国国家医学图书馆、美国国立医学图书馆、美国国家农业图书馆等的服务从基础的流通阅览、文献传递到面向研究的学术交流、数字出版，从“一站式”资源发现到全球开放获取，从信息素养培育到数字学术研讨。中小型专业图书馆则开展切合母体机构特点与需求的服务从而形成服务特色，如美国国家标准与技术研究院图书馆在保障基础服务的同时紧紧围绕研究需求，面向实验室提供馆员跟踪服务，面向研究人员提供数字化技术及设备的体验与使用服务，面向研究成果提供出版物学术影响力评价服务，面向母体机构提供出版、保存与传播服务；再如英国国家物理实验室图书馆积极面向青少年和社会公众提供科学成果教育与普及服务。

10.2.4 广泛开展合作与交流

调查发现，专业图书馆十分重视与其他图书情报机构、学术社群、出版机构、其他非营利组织等的合作，尤其是作为图书馆联合体的图书馆协会/学会积极在国内国际论坛上发声，面向政府、媒体、社会公众、其他组织机构宣扬图书馆的社会价值并表达图书馆的利益诉求。在合作交流方面，德国国家科技图书馆、德国国家医学图书馆等建立了莱布尼兹图书馆研究信息网络，共同为科学研究与实践提供信息资源方面的解决方案；加拿大六个学科领域的专业图书馆联合成立加拿大联邦科学图书馆进行资源高度聚合和“一站式”共享；美国国立医学图书馆把“合作”写入战略规划并将其作为未来发展的重要方向；“台湾研究院”图书馆与各研究所图书馆成立馆际协调会，联合进行资源采购与用户服务；俄罗斯国家公共科技图书馆与国际上的2000多个图书情报机构具有合作伙伴关系，广泛开展国内国际合作活动。在联合对外方面，例如，澳大利亚图书馆与信息协会明确表示愿意代表整个行业的权益向政府及其他组织统一发声。

10.3 专业图书馆服务特点

信息技术不断发展、社会环境不断变化，图书馆的服务内容与服务形式也在不断创新变化以适应用户需求，寻求图书馆事业的可持续发展。

10.3.1 服务形式特点

调查发现，专业图书馆的服务形式存在以下较为明显的特点。

（1）与档案、展览功能合并或协作

专业图书馆存在与科学历史档案（馆）、博物馆、展览等功能合并或协作的现象，承担着科学研究、信息服务、科学文化传播、历史文化记录等功能角色。例如，美国国家标准与技术研究院（NIST）图书馆与NIST博物馆及历史计划项目合作，共同服务于NIST的科学技术研究；加拿大国家科学图书馆将加拿大国家研究委员会的档案整合到图书馆目录系统，并将档案照片存于数字存储库并纳入数字馆藏资源范畴。

（2）“图书馆”概念淡化与图书馆服务泛在化

正如前文澳大利亚图书馆与信息协会（ALIA）所指出的，“图书馆”这个词语并不总是能够明确出现，有时人们称之为“信息服务”或“研究单位”的术语同样描述了图书馆的主要目的和功能[1]，在一定程度上揭示了“图书馆”名称淡化的现象与图书馆服务泛在化的趋势，这一趋势在研究机构内的小型专业图书馆上表现得尤其明显。主要体现在两个方面：一是用“信息中心”“出版物服务”等概念代替“图书馆”的概念，如英国国家物理实验室将图书馆服务置于“出版物”栏目内容之中；二是研究机构及其信息技术相关部门直接提供本应由或可由图书馆提供的服务，从而客观淡化了“图书馆”的作用，如澳大利亚联邦科学和工业研究组织（CSIRO）信息技术部门在图书馆服务之外提供知识库服务，而澳大利亚地球科学局在Doc Fisher地球科学图书馆之外的“数据&出版物”栏目下提供数据出版物检索、交互3D模型、在线工具利用等的资源或服务。

（3）建立体系内图书馆协作共享网络

根据调研，研究机构系统建立图书馆服务协作共享网络或体系分为两种情况：一是服务于不同学科的专业图书馆之间建立协作共享的信息网络，以期进行馆藏资源及用户服务的开放共享，如莱布尼兹图书馆研究信息网络、加拿大联邦科学图书馆等；二是大型研究机构图书馆及其所属研究所的图书馆进行业务上的统筹协调，如“台湾研究院”图书馆及其19个研究所图书馆。

10.3.2 服务内容特点

图书馆在保障基本的、传统的但又必不可少的服务内容的同时紧跟时代与行业发展前沿，新兴服务内容层出不穷，所调查的专业图书馆的新型服务内容主要包括开放获取服务、出版服务、研究数据服务、基于机构知识库的研究成果保存/传播/利用服务、面向未来的长期保存服务等。

（1）资源开放获取服务

专业图书馆提供的开放获取服务主要可分为三种类型：一是提供开放获取出版资助与咨询服务，如德国国家科技图书馆、德国国家医学图书馆等；二是提供开放获取资源获取导航服务，如"台湾研究院"图书馆为用户提供DOAJ、OpenDOAR、ROAR、PubMed Central等开放获取资源的导航；三是提供本机构出版物的开放获取，如加拿大国家科学图书馆加入PubMed Central并提供生命科学领域出版物的开放获取。

（2）出版服务

曾作为图书馆业务上游的出版服务，越来越成为图书馆业务新的生长点；尤其在数字出版环境下，专业图书馆的学术出版业务成为服务科学研究的必要内容，也是专业图书馆与时俱进的必然要求。就调研情况看，专业图书馆的出版服务包括直接出版和出版相关增值服务两种主要类型。图书馆直接进行出版有两种情况：一是连续出版物的直接出版，如美国国家标准与技术研究院图书馆出版技术系列连续出版物Journal of Research of NIST及多种技术报告；二是基于机构知识库的数字化研究成果的出版、传播与管理，如澳大利亚联邦科学和工业研究组织图书馆的研究出版物机构知识库，加拿大国家科学图书馆数字存储库及出版物机构知识库等。图书馆开展的出版相关增值服务包括写作与出版咨询、数字出版物DOI注册、出版物学术影响力评价等，如"台湾研究院"图书馆、德国国家科技图书馆、美国国家标准与技术研究院图书馆等。

（3）研究数据服务

与出版服务相似，在大数据环境与数据开放的时代背景下，研究数据服务也正在成为图书馆服务的另一重要内容。专业图书馆的研究数据服务基本覆盖了完整的数据生命周期，主要包括：① 数据标识符服务（主要为DOI），如德国国家科技图书馆、德国国家医学图书馆、加拿大国家科学图书馆等；② 数据管理与咨询，包括数据存储、数据咨询与支持、相关培训等，如德国国家科技图书馆；③ 数据存储，以数字存储库、数据知识库等方式进行研究数据的存储，如德国国家科技图书馆；④ 数据出版，包括数据出版平台运营、数据存储与出版、数据出版物索引、数据集下载引用，如德国国家医学图书馆的数字保存系统获得数据认可印章的认证、美国国立医学图书馆数据批量下载、美国国家农业图书馆五个数据集成平台、加拿大联邦科学图书馆数据集检索、澳大利亚联邦科学与工业研究组织图书馆数据门户；⑤ 数据可视化，包括数据可视化工具、数据可视化培训、数据可视化成果展示等，如美国国家标准与技术研究院图书馆为研究人员提供数据可视化墙的使用、研究成果影响力的可视化分析。

（4）承担面向未来的长期保存使命

目前，专业图书馆提供的保存服务主要有两种类型。一是基于机构知识库的出版物保存，如德国国家医学图书馆的生命科学知识库和机构知识库、加拿大国家研究理事会数字存储库和出版物机构知识库、澳大利亚联邦科学与工业研究组织机构知识库等。二是面向未来的数字化、非数字化信息资源及档案长期保存，如德国国家科技图书馆不仅将“面向未来的长期保存”作为战略方针，也是德国科学技术领域的存储图书馆，同时还运营着数字保存系统“Goportis-digital preservation archive”；加拿大国家科学图书馆负责保存具有永久历史价值的档案记录并提供公共访问；澳大利亚地球科学局图书馆对早期档案资料进行了较为完整的保存，其最早的档案记录可追溯到1941年。

10.4 普遍面临的压力与挑战

先进的信息技术应用、便捷的网络通讯工具、开放的学术交流环境，加速了对图书馆信息资源保障的“垄断性”优势的稀释，图书馆普遍面临着来自数字技术、开放政策、空间改造、人才建设、网络安全等方面的压力与挑战，需要不断改变、不断创新、不断寻求新的业务生长点以实现健康、可持续的发展。

10.4.1 信息与数字技术的更迭应用

信息技术日新月异，从射频识别到虚拟现实、从关联数据到语义出版、从大数据到人工智能，图书馆享受着信息技术赋予的便捷、高效与智能，同时也面临着信息技术带来的压力甚至挑战。压力与挑战主要体现在：一是新技术、新设备应用带来的成本压力，二是新技术、新设备应用对图书馆人才、用户的技能要求，三是部分图书馆无法跟上技术发展与更迭的速度，四是信息技术发展分流了图书馆的用户，五是技术发展改变了图书馆用户的需求。

10.4.2 信息资源获取渠道多样化

在日渐成熟的信息技术与渐趋开放的学术环境下，图书馆不再垄断着文献信息资源的获取，各类学术搜索引擎（如谷歌学术、百度学术）、开放获取站点（出版商网站、期刊网站、机构知识库、数据知识库、预印本平台等）汇集了大量的开放学术资源期刊，图书馆受到来自多种信息资源获取渠道的挑战。更重要的是，以“谷歌学术”为代表的“一站式”集成检索平台虽然在资源质量与规范控制方面不占有优势，但几乎覆盖了全网范围所有的付费与免费资源，建立了文献之间、文献与作者之间、作者与作者之间的关联关系，拥有庞大的用户基础。尤其是图书馆的服务对象正在逐渐过渡为网络新生代用户，用户养成的使用搜索引擎的习惯减少了对图书馆的需求。

10.4.3 图书馆员知识与技能培养

信息技术的应用、新兴服务的开展、用户需求的变化都要求图书馆员具备与时俱进的知识与技能。图书馆员需要保持对社会发展、行业动态的敏锐感知，需要不断学习新的知识与技能，践行终身学习的理念；需要及时识别、捕获用户需求并提供相应服务。作为数字化、网络化时代的图书馆员，不仅需具备阅览服务、文献传递、科技查新、情报研究的传统技能，还需具备开放获取、数字出版、数据分析与可视化的业务技能。

10.4.4 技术依赖与网络安全

图书馆基于技术的服务越来越方便、原生数字资源越来越多，图书馆对信息与网络技术的依赖性越来越强，由此可能产生一系列的技术处理困难、网络安全与隐私保护问题，图书馆十分容易受到来自网络瘫痪、网络攻击等的消极影响。例如，PubMed Central Canada宣布永久下线的原因之一便是考虑达到国家网络安全标准的时间与费用成本过高。

10.5 专业图书馆未来发展思考与探索

10.5.1 对我国专业图书馆的发展借鉴

在我国，中国科学院、中国农业科学院、中国医学科学院、中国标准化研究院等是非常具有代表性的国家级科学研究机构，而中国科学院文献情报中心、中国农业科学院国家农业图书馆、中国医学科学院/北京协和医学院图书馆、国家标准馆等则是非常具有代表性的专业图书馆，本书调研的16所专业图书馆对我国专业图书馆甚至其他地区、其他类型图书馆的发展都有现实的借鉴意义。

首先，大中型专业图书馆可重视并加强图书馆发展战略规划。纵观我国具有代表性的专业图书馆，较少有图书馆面向社会公众并针对未来业务发展进行全局性、系统性、持续性的规划和展望。

其次，优化资源集成与发现系统。目前，我国已有多家图书馆上线了统一资源发现系统，如中国科学院文献情报中心、清华大学图书馆“水木搜索”、北京大学图书馆“未名学术搜索”、武汉大学图书馆“珞珈学术搜索”等。对比发现，我国图书馆界的发现系统对开放获取资源的集成程度、学术资源类型的丰富程度、检索结果相关性排序、检索过程相应速度等都还有进一步提升与优化的空间。

再者，加强系统内图书馆业务的统筹协调。立足我国不同规模、不同类型专业图书馆及其相互之间的关系，充分发挥“总分馆”“院所协同”模式的优势，对图书馆的资源建设、用户服务等业务进行统筹协调。例如，NSTL的9家成员单位则可进一步探索深化合作共享的内容与机制，中国科学院文献情报中心可与中国科学院各研究所图书馆开展联合采购、联合保存并进行深度的资源共享与服务融合。

然后，各图书馆需充分发挥优势、突出特色。目前，我国面向科学研究的专业图书馆大都已经具有一定的学科特色，此外还可根据研究人员的特点（如实验室观察、野外探测、田野调查、理论研究等的偏向），提供满足需求的服务。

最后，面向未来开拓适应时代与社会需求的图书馆服务，包括但不限于出版服务、数据服务、数字学术服务、信息与数据素养教育服务等。

10.5.2 专业图书馆未来发展路径展望

（1）强化特色资源与资源特色

由于大部分专业图书馆自身明确的用户群体、鲜明的用户特点，专业图书馆资源至少具有学科方面的特点和特色：根据调研可知，一方面，相当一部分专业图书馆在其成立和发展之初，积累的大量历史、档案、手稿等特色资源；另一方面，较之于一般的公共图书馆和专业图书馆，专业图书馆学术信息资源在深度、广度、质量方面具有全面、丰富、成体系的资源特色。在未来的发展中，专业图书馆需要不断巩固和强化在资源方面的特色，提高在用户可多渠道获取信息资源的压力下专业图书馆的核心竞争力。

（2）深度嵌入科研一线进行精准服务

精准知识服务不再只是一种理念，而是正在成为一种落在行动层面的实践。前文所述的美国国家标准与技术研究图书馆“实验室联络项目”设置的联络馆员便具有代表性和借鉴性，是较好地融合了新型学科服务、精准知识服务、个性化服务的体现。更多的专业图书馆可借鉴这一服务模式，深度嵌入研究中心、实验室、课题组的科研一线，以合作者和服务者的双重身份为科研人员提供文献情报方面的支持。

（3）多维度支撑科学决策与科技创新

专业图书馆自带“科学”属性和“智库”基因，具有全方位、多维度支撑科学研究、科学决策和科技创新的使命。专业图书馆应敏锐把握科技前沿与科学动态，紧紧围绕支撑科学决策和科技创新的使命，加强学术交流、情报研究、智库服务等方面的能力建设，切实提高对科学决策和科技创新的支撑效能。

参考文献

[1] ALIA. Special library and information services[EB/OL].[2017-12-15]. http://www.alia.org.au/node/184/special-libraries.

后记

postscript

硕士毕业后在中科院文献情报中心工作已有十五年之久，我从事过文献传递、科技查新、成果评价、专题服务、学科分析、专利分析、区域发展咨询等服务工作，并在2014～2018年4月份，在江西省科学院科技战略研究所挂职，支持地方科技智库建设；经历了中科院文献情报中心从信息服务、数字图书馆到知识服务的变迁；经历了图书馆角色从信息中心到知识中心到今天图书馆定位成各行业创新发展Partner的变迁。仍然记得大约2005年，听张晓林主任讲“二维码”、“云”概念；仍然记得大约是2008或2009年，雪城大学秦健教授在中科院文献情报中心讲“数据管理”服务；仍然记得我本人2012年去加拿大McMaster大学图书馆与Dale副馆长及团队讨论“Digital Scholarship Center”建设，从第一次接触概念，到今天Alma等新一代图书馆管理系统广泛应用，到今天数据管理、学术交流与数字出版、数字人文中心、数字科研平台蓬勃发展，也就十年左右而已。深感图书馆在数字时代，只有迎接挑战，迅速调整完善发展目标，才能更好地与这个时代需求接轨。

十几年来，世界范围内的图书馆都处在不断发展与转型之中，专业图书馆面临更大的挑战。在网络化、数字化环境下，专业图书馆如何实现与时俱进、自我发展，如何更好地满足教学研究需求、支持科技创新，这些都是值得持续关注和研究的问题。作为中国最具代表性的专业图书馆的从业者，我深深感受到较之高校图书馆、公共图书馆而言，专业图书馆所面临的更为严峻的压力、困难和挑战，也深知寻求有效的发展、转型路径的迫切性。因此，本书立足学术型图书馆的发展全貌，聚焦于学术型专业图书馆的研究与发展现状，以“他山之石，可以攻玉”为思路，对德国、美国、加拿大、澳大利亚、日本、俄罗斯、英国、中国等具有代表性的国家和地区的学术型专业图书馆进行多维度、全方位的调查研究，一来希望能够从这些图书馆及相关组织的战略规划中借鉴图书馆的发展思考，二来希望能够切切实实为我国专业图书馆的资源建设、用户服务、空间再造、研究发展、合作交流等提供具有现实意义的参考，三来也希望起到抛砖引玉的效果，引起更多人对专业图书馆发展问题的关注。

本书按照“总分总”的思路，共分为10章。第1章是对我国专业图书馆研究与发展现状的概要回顾，第2章～第9章分别是对不同国家（地区）的专业图书馆的调查研究，第10章主要总结本书所述专业图书馆资源与服务特点及其对我国专业图书馆的借鉴。各章节的工作分工是：全书各章节框架由徐慧芳确定；第1章与第10章由涂志芳、徐慧芳负责撰写初稿，第2章由涂志芳负责资料调研分析和撰写初稿；第3章由杨珊、林心颖负责资料调研分析和撰写初稿；第4章由王昕阳、涂志芳负责资料调研分析和撰写初稿；第5章由薛惠媛、刘俊婷负责资料调研分析和撰写初稿；第6章由黄雯越、徐慧芳负责资料调研分析和撰写初稿；第7章由涂志芳负责资料调研分析和撰写初稿；第8章由柳影、冷冷负责资料调研分析和撰写初稿；第9章由柳絮、徐慧芳负责资料调研分析和撰写初稿。全书由徐慧芳、涂志芳负责统稿、补充和修改。

本书的形成和出版得到了中科院文献情报中心何林、NSTL孟连生、中科院科学文化传播局徐雁龙、人民大学环境学院郑祥等不同领域专家的指导和无私帮助，特别是得到NSTL孟连生前辈的倾情作序，深感荣幸。在此，向为形成和出版本书做出贡献的同志一并致以诚挚的感谢！

由于水平有限，笔者深知书中仍有很多不足，特别是笔者工作于服务部门，深刻感受到书中内容距离指导工作实践还有差距，比如一些创新实践案例，其实施的具体环境条件、实施详细路径、过程中的问题与调整、实施效果等不够详细，又如调研结果如何能更好地借鉴到国内，提出切实的落实路径等有很大欠缺。欢迎读者和同仁沟通交流，特别是就上述的内容缺憾不吝赐教。

徐慧芳

2018年6月